破除「贏在起跑點」迷思，
建立成功態勢、掌握人生軌跡的成功法則

內在動能

THE MAGIC OF MOMENTUM

Escape Any Rut. Build Winning Streaks. Use Forward Motion to Change the Trajectory of Your Life.

Stephen Guise
史蒂芬・蓋斯——著

張嘉倫——譯

目錄

本書架構

前言

說明本書的寫作背景，並解釋我們的潛能為何是「發掘」而非「發揮」？

序章

概述動能的四大定律，說明它為何不公平，以及這個詞在物理上與一般人身上的差異。

第一部共五章

第一部將帶領你探索動能的神奇之處，深入剖析動能在人類生活代表的意義，以及一般對於動能的誤解。你會發現，動能是有助於改變或提升生活的強大力量，只要有了動能，一個人的潛力就會遠大於預期。你也將從中了解到，大部分策略只能帶來線性且有限的成功，而動能卻能創造指數型的成功。

第三部共三章

讀完第一部，讀者肯定會迫不及待想體驗動能的魔法！第二部提供了實用且可行的技巧，幫助你善用這股強大力量。此外，也包含了有用的觀點與建議，幫助你養成「動能至上」的思維。

＊

我在整本書中置入了一些「※黃金法則」，都是我特別推薦的寶貴智慧，有時是一兩句話，有時是整頁的篇幅。書中有清楚標註，保證讀者不會輕易錯過。

祝閱讀愉快！

前言

小動能滾出大成功

動能時時刻刻都影響著我們的生活，它無影無形，容易被忽略：當負向動能衝擊了生活，我們歸咎於其他事物；當正向動能讓人奮發時，我們歸功於其他因素。

動機、意志力、習慣和努力，都會影響個人動能的產生、破壞或維持，但更值得注意的就是動能本身，其他因素全都比不上，甚至連習慣也不例外。一旦從動能的角度來審視自己的一切行為（包含習慣在內），你就會改變行為。

我寫這本書出於以下四個理由：

1. 動能是生命中最強大的力量，比任何個人成長的概念都更有影響力，形塑了我們短期和長期的生活。動能不可思議，因為它的力量超乎你我的直覺，強大到難以估量或完全掌握。

2. 許多自助書和個人成長書的作者，都忽略了動能的重要性，就算有提到，通常也會扭曲或過度簡化。部分原因在於，我們在日常對話中使用這個詞的方式，混淆了它在人生中的意義。
3. 動能比表面上看來更複雜，這必須考慮到它與時間的關係。行為的動能從表面上看來，可能更強也可能更弱，而時間才能決定最後結果。
4. 無視動能是有害的，會讓你專注在處理表面問題，而非解決根本問題。

我們要討論的內容相當豐富，不妨先從你的潛能開始。在你眼中，你在一般和特定領域的潛能有多高？答案絕對會超乎你的預期！

潛能，是試出來的

潛能並非單指一個數字或人人都有的、固定的事物，而是指一個人若能正確發揮所長，在特定領域**可能達到**的成就或狀態。雖說潛能預測了某種遙遠但可實現的未來，不過，潛能實際上唯有在接近實現之前才會被察覺。

要看見自己的潛能，猶如在霧中駕車。你也許能從正確角度或眼前事物，隱約窺見前方景象或猜測路況，但你實際上看得到的也只是幾步之遙。

誰最可能看見自己成為億萬富翁的潛能？是千萬富翁，因為他們擁有的財富最接近金字塔頂端。身家不到百萬的人自然不會想到自己有賺取**上億**財富的潛能，畢竟這當中還有許多門檻。話雖如此，許多億萬富翁都有過資產不到百萬的時期。有潛力賺取億萬美元的人，往往在走上成功之路後才意識到自己的潛能。

這就是人生的本質。我們通常無法看見自己的最大潛能，除非距離它只剩下幾步之遙。

當然也有人會**聲稱**自己未來會當總統或賺十億，而他們可能政治學成績才剛好及格，或者負債累累。坦白說，這種人有點不切實際，而且不太常見。畢竟，從數學和實際面來看，他們的志向都不合理。

從數學的角度來看，成為總統或億萬富翁的機率都是**億萬分之**一。不過要是你當上了參議員，那成為總統的機率可能會飆升至千分之一。[1]所以我們聽小孩說想當總統時會一笑置之，但聽某位參議員說出相同的話則會認真以對，因為後者已經展現出政治潛能，而且與最高層級也相差不遠。

從實際面來看，立志成為總統或賺取十億財富前，合理的做法是先設定必要的階段性目標。想賺到十億，就必須先賺到一億。在那之前還要先賺到百萬，更之前是十萬。一個人最後能達到多高成就，決定的因素有太多且難以估量，尤其是因為，當你賺的越多，你的潛能就會隨之增加。

這不是要打擊任何人的夢想，或暗示某人做不到，而是在強調：發掘潛能本質上是一種漸進的過程。

潛能不僅關乎你能到達的高度，還關於你對自身能力的證明，以及你能充分運用哪些東西。例如，證明自己能賺進（和管理）百萬美元，遠比實際擁有百萬美元更有價值。錢可能會消失！也可能會被偷、被花掉，或拿去付醫療費用。拳王麥克·泰森（Mike Tyson）靠拳擊賺了三億美元，後來卻沒做好財務管理而破產，而有些人雖然薪水不高，但也許善於理財而變得富有。

這個道理可以用在政治和財務方面，也可以適用人生各個層面：成就的關鍵在於你要成為怎樣的人，以及你能利用哪些資源，而不是某種特定的結果。

開創未來的潛能

若你認為自己全部的潛能，就是你在**此時此刻**感知的程度，那可就太小看自己了。沒有行動，就無法得知有多少潛能，因為在人生大部分的領域中，動能都是以指數型增長的。

運動難在起頭，但只要養成習慣，隨著體態變好、身體變健康，運動會變成你**難以放棄**的事。「從討厭運動到渴望運動」是一種指數型的變化，將會增強你在運動領域的潛能。就像你的財務會因為複利而一飛衝天（或者因為債務而破產），你在事業上的進步，會讓你有機會擴展到其他領域，例如：這可能會讓明星運動員得到出演電影的機會，而無需展現任何演技。每當你更上一層樓，就能看見自己更多一層的潛能。

我舉個清楚的例子，說明「進步」為何是指數型成長的，又為何會隱藏你的潛能。想想看下列不同財富層級的狀況，以及這會帶來哪些新的機會。以下列出的不是最詳盡的說明，只是大致寫出相關的益處，但可以幫助你了解每一次升級會如何幫助你發掘新機會，並用新的方式茁壯成長。

1. **飲食與居住保障**：在這個財富的層級，你不必擔心付不起房租或買不起食物。這種狀態消除了你的壓力，讓你能專注達成更高級的目標，否則你根本看不見那些目標。
2. **醫療保障**：負擔得起基本和緊急醫療，將大大提升你的健康和生活品質。若及早發現疾病，甚至能救你一命。
3. **生活品質的奢侈享受**：按摩、漂浮艙和諮商師能確保你的心理健康，並幫助調節壓力。要是沒有這些，我肯定得一直忍受上背的不適和疼痛。
4. **私人廚師與教練**：私人廚師會幫你節省大量時間，避免你吃太多外食而影響身體健康。私人教練會讓你有責任感，並提供客製化的訓練和外部紀律，幫助你實現健身目標，不需要你做太多計畫、自律和管理。這兩個角色都能讓你省時，又能促進健康。身體健康加上更多自由時間，也創造了更多機會，讓你能自由追逐夢想，甚至還可以賺更多錢。

5. **私人飛機、豪宅、遊艇、額外的汽車和房產**：你如果已經有這麼多錢，那就可以做任何你想做的，幾乎會有無限選擇。你甚至能得到獨家的投資機會。你也可以買下一座島，或者用慈善捐款改變世界，想做的都可以去試。

你的每個突破都會改變一切，無論是賺更多錢、獲得更大權力或影響力、增強技能或提升自律能力。**每當你到達新的階段，都會成為你更上一層樓的強大槓桿**。

要是你老覺得自己運氣不好，或者怨嘆過去的人生，請記得：如果身在低處，我們根本就**看不到**自己的最大潛能。金・凱瑞（Jim Carrey）、荷莉・貝瑞（Halle Berry）和席維斯・史特龍（Sylvester Stallone）成為了國際巨星，但你知道嗎？他們在人生的某一刻都曾經無家可歸。你覺得，他們在擔心吃跟住的那時候，真的看得見自己的超級巨星潛能嗎？

你看不到人生的極限，只看得見眼前的阻礙。這是好事一件，你就能專注突破眼前的阻礙，開創**遠比現在看來更美好**的未來。

潛能常被誤以為與天分或智力有關。這些因素固然重要，但人們往往會高估或輕忽自己的天分和智力。其實你最終能達到的潛能高度，取決於你的行事方式和一路獲取（用來槓桿）的資源。

序章

動能讓人生不公平

賽跑要怎樣才算公平呢？

或許有人會答說，賽跑要公平就是所有參賽者都從同一地點、在同一時間出發。這聽起來很合理，不過圖1符合了所有這些條件……但其實一點也不公平。

槍響時，三名參賽者都站在同樣的起跑線，但三名的動能狀態卻不一樣。跑者A正在遠離終點線，跑者B動也不動。最後，跑者C（我賭一百他會贏）已經有了朝終點方向的動能。所以你該重視動能，動能能輕易

圖1：起跑狀態影響勝敗

決定勝敗。

你或許會認為上面的例子不切實際，但我確實因為動能而贏了游泳比賽。

*

不公平的跳水

我在六到十八歲都有比賽游泳。某一次，有一場比賽辦在沒有出發台的室外泳池。真正的競技游泳選手通常是從出發台入水（直接在水中出發的仰泳除外），但這場比賽沒有出發台，我們只能從池邊跳水。

到了團隊接力賽時，我和朋友察覺到有件事不尋常。在泳池邊，有十二英尺長的路面和一片草地。這表示我們有了跑道！

接力賽不像個人賽，第二至四位參賽者不需要等待哨音，可以在隊友觸牆時直接入水。這一次，我們不但能準確預測入水的時機，也不會被出發台限制行動。別隊的參賽者都在泳池邊等著，我們則用了不同策略。

我和朋友像是懂水性的黑豹，在距離泳池邊約二十五英尺的草地上等待。我是第一個助跑的，當前一棒的隊友快游到時，我就衝向泳池，在她觸壁的瞬間跳入水中。輪到其他隊友也一樣。

多麼強勁的動能！我們贏了比賽，而且是大勝！

只要隨便看一場游泳接力賽，你會發現選手為了多一點向前的動能，會在跳水前擺動手臂。因為在百分之一秒就能定勝負的運動中，擺臂就是輸贏的關鍵。不難想像，全力衝刺產生的動能對我們的隊伍幫助有多大。[1]

許多競技運動都對物理上的動能有規範，否則就會產生不公平的優勢。在我們的人生中，動能也有相同作用，會大幅地幫助或打擊我們。想要達到頂尖（或避免陷入惡性循環），我們就必須管理好自己的動能。假如做到了，我們便會發現一個所有人都該在年輕時學會的道理。

讓我們覺得人生不公平、也確實讓人生不公平的，就是動能。

人類行為的「作用力」

《牛津英語詞典》對「momentum——動能」的定義如下：[2]

1. （物理）物體在運動狀態的物理量，以其質量和速度的乘積來測量。[1]
2. 運動中的物體所獲得的推動力（指**運動的作用力**）。

本書是關於行為和人類動能，比較接近上面第二條定義。我們想知道自己對有益人生的事情可以堅持多久，而第二個定義談的就是**運動的作用力**，影響了動能持續的時間。行動的「作用力」是什麼？有沒有哪一類行動，比其他行動更能產生動能？我們將在本書中探討並回答這些問題。（我們也會使用物理上的定義來做類比，像是前文賽跑的舉例）

1 編注：在物理學上一般翻作「動量」。

公車與蝴蝶，哪個危險？

人類很直觀就能理解動能，也懂得它的重要。我們不會走在行駛的公車前面，也不會擔心橫衝直撞的蝴蝶會危害自己的性命。

問題在於：**人類動能**不像物理動量那麼直觀。在人生之中，蝴蝶有時會變成公車。講得實際但嚇人一些：假如持續累積動能，就算只是跟蝴蝶一樣小的事情、想法或感受，也可能成就或摧毀一段人生。

有人因為一則評論或一次失敗而毀了人生，有些人則把一段熱門影片變成賺錢事業——令人馬上就想到幾個網紅，像是「壞寶貝」（Bhad Bhaby）、安東尼・道森（Antoine Dodson）和喝著蔓越莓汁溜滑板的內森・阿波達卡（Nathan Apodaca）。這些案例中，每一件小事無論是好是壞，都變成了一次槓桿，之後的事就不用多說了。

可惜的是，多數人以為人生的正向動能就是「一連串的成功」，這並不是真正的動能，可能只是動能產生的**結果**。以運動為例，在某支球隊開始連續得分的時候，唯有推動得分的力量持續，態勢才能持續。

體育運動的動能（比賽態勢）很容易瞬間改變，只需一腳射門、一記揮棒或一次快攻，隊伍就能完全扭轉動能。可以「輕易逆轉」是什麼意思？就代表這種動能不像物理動量或人類動能那樣具體或強大。你絕對不會看到時速六十英里往北開的公車，下一秒就用一樣的速度往南開，而需要作用力、能量和時間，才能讓往北的動量轉向往南。

為什麼籃球教練會在對方連續得分的時候喊暫停？他們想調整球員的**心態**，讓球員更有效地執行戰術，而且暫停也可以打斷對方球隊的節奏和態勢。這招挺有用的！真的嗎？

許多關於球賽暫停的研究，都沒有足夠的樣本數，而且沒考慮到重要變數，例如下列因素：

- 必須持球才能喊暫停。因此，喊暫停的球隊在暫停結束後總是有球權。暫停後的得分分析自然會有利先控球的球隊。
- 假如兩隊實力相當，那不論是否暫停，要是其中一隊連續得分，我們理論上應該假設比分會回歸到平均值。

- 不喊暫停又會怎樣？動能會不變或改變？這就需要有對照組，才能知道喊暫停對比賽動能的影響。

布林莫爾學院（Bryn Mawr）的山姆·博牧特（Sam Permutt）在專題研究中指出，他分析了三六九〇場籃球比賽的數據，並納入了上面的變數。博牧特總結道（也證實了我的論點）：「許多人相信體育運動的動能會影響比賽結果，但數據顯示這**可能是一種感知偏誤**，不見得反映了運動的真實動態。」[3]

沒錯，關鍵就在於「感知偏誤」。運動的動能，其實是心理上的感知現象。它確實會影響比賽，畢竟當一支球隊有了信心，而另一支球隊沒信心，那絕對會反映在比分上。然而，這並不是我們所追求的那種動能，因為它還不夠強。

這本書不是要討論「最近狀態不錯」這種隨意的想法，甚至跟你在連勝時的信心變化也沒關係。別忘了，動量在物理上是一種**真實的力量**，這也是我們確保成功所需的動能類型。

真正的人類動能背後有力量支持，並不會因為某些想法或感受，就影響它帶來的結果。

隨著深入閱讀本書，你將會看到更多真實和感知的動能的重要差異，當我們拋開這些日常對話中關於人類動能的迷思，剩下的就是更具體、更強大的東西。我是這樣定義人類動能的：

人類動能，能夠準確預測我們未來的行為。

未來的事沒人說得準，但我們根據當下的動能狀態，就能準確做出預測。但是請注意，比賽的動能沒辦法準確預測比賽結果。想想體育史上每一次偉大的逆轉勝，都需要的一項條件——超級劣勢。這表示**另一隊**起初勢不可當，然後用同樣誇張的方式快速落敗。相比之下，人類動能並不基於感知，所以穩定多了。

我已經介紹了本書的一個關鍵部分，也說明了現在普遍的動能的關鍵迷思。接下來，我們應該解答另一個重要問題。

人生的蝴蝶效應

動能的重要性超乎你我想像。所有人都應該把這當成第一目標：在自己重視的領域創造正向的動能。我知道這是大膽的說法，但接下來的論點絕對無懈可擊。

正向的動能讓你更容易採取積極的行動，而採取積極行動又讓採取其他積極行動更容易，形成正面積累的雪球。同理，負向動能容易引發消極的行動，而且讓你更可能一**步錯，步步錯**。

成功的秘訣很簡單：讓成功比失敗更容易。動能不僅能實現成功，而且是指數型的成功。

我們的行為除了顯而易見的直接結果之外，還隱含了潛在價值。你可以透過回答下列問題，來發掘行為的潛在價值：

- 這個行為對我之後的想法、感受和行動有什麼影響？
- 這個行為會改變我一天的常軌嗎？

• 這個行為是否會帶起複利效應？如果會的話，有多大效益？

正向動能可以讓你輕鬆接貼近理想生活，而負向動能則讓你越離越遠。「動能之戰」決定了你未來的走向和想成為的人。

聰明人靠動能，而不是毅力

小學時，運動會上會舉辦拔河比賽。規則是兩隊各八人，看哪一隊先把繩子拉到自己那端的中線就贏了。拔河是運動會的熱門賽事，沒意外力氣大的隊伍會贏，但偶爾也會出現大爆冷門的結果。

這項拼力氣的比賽中，弱隊要如何擊敗強隊？拔河雖然主要拼的是力氣，但其實也跟動能有關。若你處於劣勢，不妨試試下面兩個拔河的動能技巧：

• **先聲奪人**：當裁判哨聲響起，試著更快反應。要是你在對手反應過來站穩前先用力拉繩，就能迅速獲勝。一般隊伍都會盡快拉繩，但過度自信的強隊也許會掉以輕心。

- **拉地毯**（**rug pull**）：如果你遇到更強的對手，而且對手就快贏了，出此奇招也許會是你的殺手鐧。我在現實生活和熱門影集《魷魚遊戲》（*Squid Game*）中，都看過有人靠這招獲勝。當繩子完全緊繃，你們一直被拉走時，全隊突然**朝向**對手衝過去！成功的話，對手會因為突然失去張力而向後倒，就像有人從他們腳下抽走地毯。若你的隊伍還沒倒（希望還未越過中線），可以趁對方重新站穩之前，把繩子拉過線贏得勝利。

如果你在拔河中逐漸被拉走，那麼依當下的動能推斷，你一定會輸。遇到比你強的對手，要贏的唯一機會就是改變動能，甚至要給對手比意料還**更多**的動能。就像拉地毯技巧一樣，「多不見得好」這個道理非常重要！我們稍後也會進一步討論這點。

掌握動能，要先換個角度

你上次問自己「我現在的動能怎麼樣」是什麼時候？我知道，你可能從來沒有問過。但這個問題是對自己最正確有力的提問，答案反映了你對人生的感受，以及每天會做出（或不做）的行動。

要是你感覺人生缺乏正向動能，也許是因為你從沒有刻意培養。多數人也是如此，反而執著在找到特定的結果，或設定想達成的目標。但動能是完全不同的力量，因此需要做出不同的行為去培養。

*

遺憾的是，我們多半從日常對話和體育比賽來理解動能，而這些「動能」比起真正的動能，實在微不足道。那真正的動能是什麼？我會在第一部分說明人類動能的四大定律，解答你的所有疑問。

第一部

動能的
四大定律

動能像是魔法

我們常將魔法視為無法解釋的某種力量，它違反自然法則與已知原理。然而，有些力量要是經由觀察和計算來理解，其實更顯得神奇。

就拿飛行來說。飛機能飛的物理原理已經有詳細記載，不過，重達九萬磅的物體能夠像鳥一樣在天空中翱翔——我還是很難相信這不是一種魔法。萊特兄弟於一九〇三年才首次試飛成功，也就是說人類直到近代，才獲得飛行的魔法。[1]

「飛行可以不需要引擎，但不能沒有知識和技能。」

——威布爾・萊特（Wilbur Wright）

我們可以大致觀察和解釋人類動能（我也會在本書盡力說明），但無論我們多努力地去理解，它的力量依然令人驚嘆。像驚嘆飛機的技術一樣，我們越深入探究動能的基本定律，就越驚嘆動能的神奇。

但話說回來，飛行的魔法實在難以媲美動能。人類動能的力量深不可測，應該更適合比喻為超高速星。

超高速星：富者越富的秘密

HE 0437-5439（簡稱HVS3）是一顆超高速星，質量幾乎是太陽的九倍，目前以時速一百六十萬英里穿越太空。[2] HVS3的大小**和**速度超出了人類的理解範圍，因此這是一個跨層級的比較，因為這顆星的力量其實在於驚人的動量。

科學家可以用上面的數字計算出HVS3的動量，但誰能**真正理解**這個數字代表的實際意義？蛤，你剛剛說的是「時速一**百六十萬**英里」嗎？開車光是時速一百英里，就已經感覺很快了。最快的噴射機時速也只有兩千一百英里，而這已經比我們平常搭的客機快了四倍。若你還沒弄糊塗的話，我們現在談的是地球上最快速的交通工具，但比起時速一**百六十**萬英里，還差得遠。

HVS3還很巨大，雖然，它的質量不過是太陽的九倍。但太陽的質量可是地球的**三十三萬三千倍**。你可以把超過一百萬顆地球裝進太陽裡。天哪！

現在試著想像這顆龐大的星體，以時速**一百六十**萬英里穿越太空。這太難想像了，因為我們對這麼大又快的東西毫無概念。我們雖然有數學和工具可以測量這顆星體的特性，還有語言可以表達出來，但它依然很難理解，甚至比《哈利波特》還神奇（開玩笑的，希望J．K．羅琳〔J.K. Rowling〕別介意）。

動能的魔法正如超高速星一樣，源於自身的力量。廣義來說，動能解釋了為何富者越富、強者越強，而弱者和窮人則越弱又越窮。這也是為什麼有人能實現最遠大的夢想，但有人卻陷入了無盡的痛苦深淵。解開且看重動能奧秘的人，會嘗到複利效應帶來的成功。而那些自認很強就忽視動能，或不了解動能運作原理的人，則可能意外陷入絕望深淵。

本書的旅程將從四個簡單的定律開始，因為這四定律揭露了動能的**機制**，有助於我們理解動能。理解了動能的機制，你就可以使用，（隨後）掌握動能。

重新定義動能

為了做出可以飛的飛機，萊特兄弟必須學習飛機力學、引擎、物理學、螺旋槳、空氣動力學、起飛和降落等知識，但在此之前，他們得先重新定義自己對飛行物體的概念。

萊特兄弟必須跳脫以前對飛行的觀察與理解，找出飛行的原理。他們的飛機超過六百磅重，不同於過去任何能飛的東西。那時，所有已知能飛的物體都很輕（還是**拍著翅膀**飛的！）。[3]老實說，換作是我，聽到六百磅重的機器可以飛，肯定會嘲笑這個想法（正如當時的許多人）。

想像重物可以飛好像很違反直覺，但這樣才凸顯出原理的價值。不論直不直觀，原理能揭露所有事實。了解空氣動力學原理的人，就能理解為何飛機、直升機、超人和蝴蝶能夠飛。

為了探索動能的魔法，我們必須拋開過去像是日常對話的模糊理解。我們將效法萊特兄弟，透過研究動能的定律，挖掘不太直觀的事實，來開創新的可能性。繼續閱讀之前，我想鼓勵各位重新定義你所認為的動能，以及動能在你人生中的意義。接下來就讓本書帶領你「展翅高飛」（當然只是譬喻啦）。

1 第一定律

你最可能持續做剛剛做的事（短期動能）

你最可能持續做剛剛做的事。

這就是我們的起點，這句樸實無華的話正是動能的核心意義。這一個如此簡單又明瞭的想法，卻蘊含著改變人生的力量。這個定律改變了我自己的人生，所以我能毫不猶豫地這麼說；這個定律更像是已知的物理量，而不只是某種沒根據的猜測。

牛頓第一運動定律指出，除非受到外力作用，否則靜止或運動中的物體將不會改變當下的運動狀態。[1]牛頓定律當然是用在物理學上，但其實也非常適合用來隱喻個人的成長。[2]

動能跟運動差在哪裡？

既然提到牛頓第一**運動**定律，你可能會心想，為什麼本書討論的是動能，而不是「運動」？兩種差在哪？

運動會產生動能，而動能會影響後續的運動。

動能可以說成是測量往特定方向運動的「動力」，涉及了運動的作用力、方向和潛力（無論是物理學或人類生活都是）。

舉個動量相較於運動的例子：隨風飄浮的花粉和被擊發的子彈都處於運動狀態，但被擊發的子彈顯然具有更多動量。

沒有運動，就沒有動能。但我們的終極目標是動能，要從這個目標回推，找出將運動轉化為動能的最佳策略。

人隨時都處於運動狀態。在人類行為中，就算什麼都沒做，也可被視為一種「行為運動」，而運動的重要性正是取決於**動能**。例如，繞著圈跑是毫無進展的運動（物理學稱為「角動量」）；跑向廁所則是具有速度、意義和目的的運動（線性動量）！

每個人都知道，積極進取總好過無所事事。但不是每個人都知道，必須改良行動方式來獲得動能，而不只追求結果。結果只是一次性的報酬，但動能可讓你終生受惠。

但別急著下結論或太簡化問題，因為就算走在正確的方向，動能也不一定越大越好。開快車也許會更快到達目的地，但風險大於報酬（這就是為什麼我們有速限規定）。另外，別忘了子彈和花粉動量的例子，我們稍後會再提及……而且還會有出乎意料的超展開！

看爛片跟吸毒一樣，慣性惹的禍

就讓我們來看看這一項定律對我們的生活有什麼影響。你最可能持續作剛剛做的事，所以呢？回想一下，你有把一部不喜歡的電影看完過嗎？一部電影就算真的很爛，但還不至於看不下去，大部分的人還是最後會選擇把電影看完。這不是很不可思議嗎？

你看過電影《銅山》（*Copper Mountain*）嗎？我看了，而且還不只看了一半，我全部都看完了。我一直在等劇情變精采，畢竟這部電影可是由金・凱瑞主演的。我愛金・凱瑞，但《銅山》大概是我看過最難看的電影了。（沒錯，我可是看過了被評為史上神級爛片的《房間》〔*The Room*〕。這部倒是很棒——嗨，馬克！）

＊

把爛片看完還不是負面動能最嚴重的後果。人還會死於吸毒或酗酒過量。毒品會這麼危險，部分原因是我們對毒品的抵抗力主要來自毒品損害的腦部區域（前額葉皮質）。

無論是看一部爛片，或服用有害物質，你最可能持續做剛剛做的事。這是動能的第一定律，因為它是動能的基礎。你做出的每個行動都會產生同一方向的動能。

我目前只舉了負面動能的例子，為什麼呢？我不是為了負面而負面，而是負面例子正好展現了動能的自然力量。既有的欲望讓正面動能的大部分例子變得無力，畢竟**我們已經想做這些事了**，所以很難察覺動能發揮的作用。

無論是一部精采的電影、一頓美味的家常便飯或洗碗，只要開始了，我們**絕對**會把它們完成。因為這些事對我們都利大於弊，讓人有動力做下去。因此，唯有短時間內持續做出的**單純負面行為**，才能展現出動能的影響力有多大。

在好事和爛事之間做選擇，我們一定都會選「好事」……除非我們開始了「爛事」，這樣我們可能會繼續做爛事，因為我們已經往這個方向前進了。

力量、方向、速度，哪個最重要？

思考第一定律時，有種方法能幫助你在當下決定下一步的行動。為了進一步說明，我們必須先簡單介紹動量的物理學定義。我保證不會有作業！

物理動量測量的是，物體停止或減速的難度。

動能＝質量×速度（速度＝方向＋速率）

這是物理學的定義，現在讓我們轉換為人類動能。討論人類動能時，我偏好將「質量」換成「力量」。行駛中的公車質量就好像習慣的**力量**（兩者一旦開始，都很難停止）。慣性行為在你的思維和偏好中也具有一定「份量」。

習慣是腦中類似「軌道」的神經通路。當大腦遇到已形成習慣反應的情況時，相關的神經通路就會啟動，之後，人通常會進入自動導航模式。你也許可以透過策略或努力來偏離軌道（習慣），不然就會沿著那條預料中的道路前進。畢竟習慣是驅動人類行為的強大力量。

你如果能接受把質量換成力量的觀點，那我們就有了**人類動能的三大要素**：力量、方向和速度。其中一個因素遠比其他二個重要，但我打賭你猜不到是哪個。

以**人類動能**而言，你認為下面三個中，哪個因素對產生和維持正向動能最重要？花點時間想一想。

A. 行動的力量

B. 行動的方向

C. 行動的速度

有答案了嗎？沒有的話，隨便猜看看，不管你選哪個，結果都很有趣。

……

……

……

正確答案是……

B、方向！大家可能多半會選擇力量。老實說，選擇力量並不奇怪，畢竟我已經寫了四本關於習慣的書，而習慣代表了力量，我在先前幾個段落也才提到。但是，以人類動能的重要性而言，優先順序其實相當明確，**方向**毫無疑問是最重要的。這也關係到了聚焦的先後次序，方向永遠應該放在第一名！

1. 方向
2. 力量
3. 速度

方向是最重要的原因有兩個。

首先，即便動能很小又慢，只要朝著正確方向前進，也有巨大的效益（想想龜兔賽跑的寓言）。想想看：**只有**方向正確，力量和速度才有幫助，兩者的效用完全取決於方向，不論在物理學或人類身上都是這樣。我想我們都同意，假如走錯方向，力量和速度反而會害慘我們！

「你最可能持續做剛剛做的事」，這句話單純強調行為的方向性。你要是往西走，接下來最可能去哪？當然還是西囉。就算不提你走的力量或速度，我們還是知道你會繼續往西走，這是因為第一定律成立。

要是你最近踏出的一步是往西，那你最可能繼續往西走。

＊

方向是最重要的第二個原因是什麼？習慣會成為日常行為基礎的重要力量，**是因為我們常常（通常是每天）選擇相同的方向**。也就是說，習慣（力量）會隨著時間形成。但就算像習慣這麼重要且強大的東西，也需要**先有**明確的方向。

※黃金法則：要先專注方向，行動後再去想力量和速度。

改變方向，改變人生

我人生最大的改變，是因為一個突然的改變方向。二〇一二年十二月二十九日，當時的我缺乏動力去運動，於是半開玩笑地做了一下伏地挺身。這個小小的伏地挺身，沒想到竟意外改變了我的人生，讓我從久坐不動開始運動。現在的我也因此像換了一個人。

我做完那一下伏地挺身後，逐漸累積動能，最終完成了三十分鐘的運動。在我完全沒有動力和意志力逼自己運動的那天，正是動能（如第一定律說的）促使我達成了看似不可能的成果。在那次之後，我決定每天至少做一下伏地挺身，並在一年後把這個策略寫進我的《驚人習慣力》（*Mini Habits*）。

就像第一定律的建議，每當我做了一下伏地挺身，我通常會做更多下伏地挺身（或其他運動）。重點是，並不是「習慣」讓我把一下伏地挺身變成了更多運動，而是「短期動能」——沒錯，又是動能。每當你踏上新的方向，都會立刻創造出短期動能，不要小看短期動能的影響。

正確的方向，才會引發長期成功

每天做一下伏地挺身，正是我說的「迷你習慣」，即**每天致力於特定方向**。多數隨意預設的目標往往忽略了方向，因為這種目標只接受特定的品質或數量（全有或全無）為方向。

大家常會說：「我要每天運動一小時。」這是為了指引方向（正如所有目標都是），但當他們沒能達到那個高遠的目標時，就會透露真正的優先考量。他們不會運動三十九分鐘或二十三分鐘，**而是乾脆完全不動。他們不想在正確方向上累積少量動能，而選擇接受負面動能，繼續漫無目標，更糟可能就陷入壞習慣之中**。

你可能會心想：「等等，這些不衝突吧。為什麼我們不能用比一下弱弱的伏地挺身還好的方式，讓自己朝正確方向前進呢？」

這個問題暗示了錯誤的二分法，誤以為做一下伏地挺身與……想做更多下的願望矛盾！即使是小步驟在實現更大目標的過程，也是不可或缺的。

*

做一下伏地挺身，會不會讓你更想多做幾下伏地挺身或其他運動？任何數量的伏地挺身，哪怕只有一下，都會讓你**更有可能額外**多做幾下。這就顛覆了原本認為小動作沒有用的迷思。

方向跟力量／速度並不互斥（也就是說，你可以同時獲得三者），因此優先聚焦方向絕對不會錯。以方向為先的心態永遠不會阻礙你產生力量和速度，而且還大有幫助！

這個世界喜歡過度遠大的目標，但不先考慮方向，既困難又不合理。你會在車子正對著一隻草泥馬時猛踩油門嗎？（如果會的話，你跟草泥馬有仇嗎？）在**考慮**力量和速度之前，先確保方向**正確**。不然你不只會毀了你的車，還會毀了可愛草泥馬的一天。

第一定律說明了要優先考慮方向，來獲得短期動能。我們最近的一次行動，很可能就是我們的下一個行動，而連鎖反應還沒結束！接下來將討論長期動能，這發生在大腦深處的潛意識裡。

2 第二定律

持續動作，才能消除阻力（長期動能）

一般來說，大腦系統可分為兩部分，一部分是設計來提升能量效率，另一部分則是提供力量。[1]

大腦第一部分，是高效能的自動導航：潛意識（基底核）為我們提供高效能的「自動導航行為」。這些行為就是習慣，即做某件事並獲得獎勵。「獎勵」可以是任何東西，從乾淨的口腔（刷牙）、味覺滿足（吃巧克力）到緩解疼痛（服藥）。自動導航行為幾乎不需要思考，因此幾乎不消耗精神能量。

大腦第二部分，是強大的手動駕駛：當我們有足夠意志力和精力時，大腦的意識部分（前額葉皮質）會給我們凌駕自動導航行為的能力，讓我們能透過有意識的計畫和行動，來形塑行為和人生。但我們能控制的有限，畢竟我們沒有無限的時間、精力或意志力來過上完美的生活。就算有世界上最棒的建議，也無法讓一個人過上十全十美的生活。

了解這兩部分行為系統的限制非常重要，了解之後你就能更善用**兩者**。

- **基底核是大腦一群「皮質下核」的統稱，它無法用理性擺脫壞習慣，或說服我們多吃菠菜**。長遠來看，它更重視過去的經驗，而不是未來的計畫。短期而言，基底核更重視獎勵，而非理性思考。因此基底核需要前額葉皮質的幫助，因為前額葉皮質才能看見行動的整體結果。
- **前額葉皮質因為更懂大局，所以可以否決或強制做出替代行動，但只有在它有動機「並且」有足夠精力的時候**。它像很多功能強大的東西一樣，需要消耗大量能量才能運作。因此，在我們累的時候，它會讓我們更累，或根本無法運作。研究顯示，當人有壓力或不堪負荷時，會靠習慣做事（不管好壞）。這時自動導航模式會在駕駛過勞而無法操作時接管行動。

*

在意識底下，存在著一些不由我們（直接）選擇的想法和情感。這很棘手，因為這些「不受控」的想法和情感，與我們的意識完全混在一起。這些想法合理嗎？還是只是潛意識的藉口，用來合理化我們明知不該做卻還是想做的行為？

我們在生活中（大量）使用自動導航模式。自動導航照著預定的程序和規則，也就是說它是**可預測的**。沒錯，任何東西只要能產生可預測的未來行為，都是真正的人類動能。

長期動能是在特定時間、以特定方式做特定事情的內在動力，通常以自我說服的形式出現。你也許會認為習慣是自動化、無意識的過程，但它們也是你腦中活躍的遊說者，用各種想法和情感說服你一再重複它們偏好的行為。就像大公司會花數百萬找來遊說者，為公司爭取有利的結果（雖然這可能很貪腐），習慣也會遊說大腦，繼續做它們喜歡的行為（無論好壞）。

下次洗澡時，注意一下你怎麼擦乾身體。我敢打賭你每次都用一樣的方式。擦身體的順序是一種習慣，能準確預測你洗完澡後的行為。這就是長期動能！除非你有意識去改變，否則就會維持相同的順序。但我們不太會刻意改變習慣，因為太累了，而且誰在乎你每次洗完澡是不是先擦膝蓋？嗯，不得不說從膝蓋開始擦真的很怪，但乾了就是乾了，只要能擦乾，任何順序都沒問題。

擦身體的習慣雖然很小，但卻是長期動能的重要例子。不管是擦身體還是其他方面，長期動能到底是如何形成的呢？

花椰菜與海洛因，習慣與成癮

有多少人**第一次吸毒前**就計畫好要上癮？又有多少人會說「我今天開始要上癮海洛因囉」？我想應該是沒有。雖然沒有人故意走上這條路，但上癮卻很常見。[2]

多數成癮藥物都很方便使用，而且還能馬上帶來改變大腦的獎勵。任何成癮藥物只用一次也有風險。去嘗試還以為自己有能力說戒就戒，不僅太天真，也小看了你的潛意識。就連醫生開的鴉片類藥物，也必須非常小心使用。

美國藥物濫用研究所（National Institute of Drug Abuse）指出：「使用鴉片類藥物治療

慢性疼痛的人中，有八到一二%會出現鴉片類藥物使用疾患。估計有四到六%濫用處方鴉片類藥物的人，會改吸海洛因。」

人類經常在這場決鬥中落敗。就算命在旦夕，也很難壓抑嚴重的毒癮。相關的知名案例非常多，這些人並不軟弱，只不過長期動能**太過**強大（尤其再加上會改變大腦的物質時）。

咳咳，讓我換個輕鬆一點的話題，有幾個人對花椰菜上癮？五個嗎？我不曉得，但應該不多。我很喜歡（煮過的）花椰菜，但我不可能對花椰菜**上癮**，因為它帶來的即時獎勵不夠強烈。[3]花椰菜有它的優點，但你需要慢慢了解。

大腦喜歡被獎勵

對我們最有害的東西，不論是食物、毒品或其他不負責的行為，通常在使用的當下感覺（超級）好，但之後卻會害慘我們。相反，對我們最有益的事物，往往感覺平平無奇、甚至很差，後來卻能讓人獲益，比如吃花椰菜、誠實、存錢和硬舉。總之，健康的行為比較難習得，是因為它的獎勵結構不像糖或毒品帶來的快感，那樣明顯、誘人又即時。

基底核超級喜歡即時獎勵，它就好像是設計來避開像花椰菜這樣「無聊」的東西，讓我們沉迷快樂而自我毀滅。但要是這樣，為什麼大多數人可以不吸毒，甚至偶爾還會吃青菜呢？[4]假設你可以自己選要吃什麼，沒有媽媽管你，那你還是可能會選花椰菜而不是古柯鹼，這是因為有前額葉皮質的介入。

我們都知道毒品有害，而花椰菜有益健康。有意識的話，多數人會選健康的花椰菜，而不是危險的古柯鹼。然而，潛意識裡，如果兩種都試一下，大腦會更喜愛古柯鹼而不是花椰菜。

但我要說，我們要對抗的不是自己的潛意識（基底核），至少一開始不是。基底核聽起來像是壞人，但其實是**中性的**。人類才是自毀的大師。你要是打翻汽水害筆電故障，可別怪你的筆電。你要是吸古柯鹼，可別怪大腦故障，因為這就是毒品對大腦幹的好事！

壞習慣是容易取得的誘人獎勵，這就是為什麼我們多少會養成某些壞習慣。偏好最小阻力和輕鬆獲得獎勵的自動導航系統，可能讓我們陷入可怕的成癮問題，或者吃太少花椰菜。但故事不是只有這樣，來談談如何把這個自動導航系統調整成對我們有利吧。

如果我們能以知識為基礎、有意識地管理自己的潛意識，便能讓潛意識成為一股強大的正面力量。即便基底核一開始抵制了健康行為，也不表示毫無轉圜餘地。幸運的是，比起獎勵，還有一項秘密武器是這部分的大腦更喜歡的——沒錯，**比獎勵還喜歡**。

熟悉感：反覆接觸的強大力量

壞習慣會用輕鬆可得的獎勵來誘惑我們，因此一**開始**很容易養成。輕易獲得的獎勵會誘惑我們去嘗試，然後反覆接觸會讓我們上癮。從提示、行為到刺激的獎勵，重複接觸讓我們對這個過程產生高度的熟悉感。

潛意識大腦最愛的就是熟悉感。

想知道大腦多看重熟悉感嗎？丹尼爾・康納曼（Daniel Kahneman）在《快思慢想》

（*Thinking, Fast or Slow*）這本書中說：「要讓人相信一件假的事，最可靠的方法就是不斷重複，因為人類很難分出熟悉感和真相的差別。」

對大腦來說，熟悉感與真相一樣重要。真相是生命的核心，我們的宗教信仰或價值觀，都是基於我們相信的事實來選擇。信念重要到能讓我們為了維護它不顧一切，甚至不惜犧牲生命。

我寫這本書的現在，俄羅斯正在入侵烏克蘭。烏克蘭總統弗倫基米爾・澤倫斯基（Volodymyr Zelensky）被俄羅斯龐大危險的軍力鎖定，美國提議協助他安全撤離，他的回應是？

「戰場就在這裡，我需要的是彈藥，不是搭便車。」

此人身價高達數百萬美元，位居高位，絕對不乏保護自己安危的理由。結果，他選擇留下來與人民一起戰鬥，為什麼？只因他相信這是對的。他深信烏克蘭是主權國家，並願意為此冒生命危險。我不知道這場戰爭的結果會怎樣，但澤倫斯基的決定光榮且堅定地呼應了自身的信念。

熟悉感也屬於**同一層次**，重要性與我們最底層的價值觀、最強烈的信念不相上下。熟悉感之所以有這麼大的影響力，是因為潛意識對它毫無抵抗力。

在重複和熟悉感的作用之下，潛意識具有高度可塑性，使我們相信原本明知是假的事物！

出自康納曼——要是你相信這句真是康納曼說的，或我重複夠多次的話（眨眼），就表示人類對熟悉感的重視和信任其實跟真相差不多，甚至還更看重熟悉感。許多人會否認這一點，但這種現象悄悄發生在我們的意識底下。對某件事物越熟悉，就越深植潛意識，並越來越能抵抗你的意識尖銳的質疑。

熟悉感蒙蔽了眼睛

如果人熱愛熟悉感，為何有人會喜歡鯊籠潛水或跳傘等不日常的體驗？其實，雖然大多數人不見得做過這些活動，當中也存在某種人類集體的熟悉感。另外，還有其他欲望會與熟悉感抗衡，像是成為先驅或嘗試新奇事物時，通常會帶來很大的知名度、興奮、快樂，甚至名聲。

每年有數百萬人跳傘，但有多少人願意當第一個跳的呢？第一次跳傘成功是在一七九七年，可以想見這人多麼勇敢。[5]

以跳傘的風險為例，恰好突顯出我自己多難分辨熟悉感與真相。美國每年跳傘的人高達三百三十萬，約有二十人因此身亡。看到這樣的數據，再想一想自己的運氣，我大概會很猶豫要不要跳。然而，我每天都**不經意地**在冒更大的險。

我從來沒有跳過傘，但二十年來，我開過無數次車。從統計數據來看，跳傘遠比開車安全多了。[6]要是時速七十五英里的車出點差錯，很可能馬上命就沒了。而且就算我開得很順，路上也有我沒辦法控制的因素，像是酒駕的人，會殺了我。

雖然**真實數據就擺在眼前**，但我懂開車卻不懂跳傘，顯然這點已經足以推翻真實數據。即便我研究和寫過這個議題，而且剛剛才承認了跳傘比開車安全。即便我知道熟悉偏見，仍不得不承認，我**還是**覺得開車比跳傘安全。要麼是我瘋了，要麼是熟悉感的力量實在太大了（哈！又是錯的二分法！其實兩個都是真的）。這就是人偏好熟悉感的典型表現——就算再多事實擺在眼前，你還是不會動搖！

單單是熟悉感，就能讓開車比很多其實更安全的事，看起來還要安全。你用時速八十英里開在高速公路的時候，有想過自己正開著一台危險、快速、每天都在殺人的死亡機器嗎？我的意思是，這才是真相，但由於熟悉感的存在，我們會告訴自己一些可能並不真實的故事。

我不是想暗示我們相信的一切都是謊言，只是指出熟悉感對我們的影響力遠遠超過其他東西。它扭曲了每個人對真相和現實的感知。

除非熟悉的行為百分百爛透了，否則它們就是大腦的終極獎勵。要不然為什麼有人會留在不喜歡的環境，並放不下有害的行為模式呢？他們寧願選擇熟悉、糟糕的生活，而不是未知（可能更爛，也可能更好）的生活。

經常有人深陷在不滿意、不健康的關係中，這很常見。因為這些關係也許很爛，但至少是**已知的**。這種熟悉感超越了痛苦，壓掉原本想改變的動力。

先前討論短期動能時，我們拿看完爛片和吸毒當例子。跟短期動能一樣，熟悉感的負面例子（長期說謊、糟糕的關係、開車漫不經心等），也是最能讓人驚覺長期動能力量的例子。熟悉感能讓人**長年**都陷在痛苦的錯誤選擇裡。先不談這種情況有多悲哀，熟悉感的力量是不是**很驚人**呢？

假如你不知道你或你愛的人為什麼正在毀掉自己的人生，不妨回想我們在這討論的一切。他們很可能已經盡力，卻掉進了負面動能的漩渦，不知道如何逃出（也可能太害怕所以沒辦法）。我保證，我寫這本書不是為了讓你難受，只是我必須用這些例子來告訴你，動能的力量比集滿所有無限寶石的薩諾斯還強。

接下來要說的話可能聽來很奇怪，但我還是要說。我們往往過度責備或讚揚別人的人生處境。我們都盡力了，不是嗎？但搞不好是我們努力錯方法，才沒有成功的機會？或者，我們在有毒的環境中努力，卻缺乏逃離的知識或資源？這兩種情況，我們都會陷入困難，但不是因為我們沒有努力。

每個人都能看出，那些不用自己賺就能繼承財產的人有多幸運，但那些出生在其他優勢環境的人呢？麥爾坎·葛拉威爾（Malcolm Gladwell）在他的書《異數》（*Outliers*）中談到了這一點。他指出，一到三月出生的曲棍球員特別多，還有許多軟體大亨都出生在一九五五年前後，這些只是比較明顯的例子。與其說是含著金湯匙出生，不如說有些人是抱著盛滿各種金餐具的「金盤子」出生。這些人雖然沒有直接繼承財富，但卻擁有相當有利的環境，提供了許多有助於成功的資源、機會和支持，也就是正向的環境動能，讓他們更易出類拔萃。

大家急著批判自己和別人，而忽略了較客觀且更有影響力的因素。若你不了解動能的力量和管理方法，而做了一些爛選擇，人生很可能會脫軌，讓你做出更爛的決定。要是你不知道如何應對，過多的正向動能也可能毀掉你的人生，就像很多中頭獎的人一樣（想像拔河時對手突然使出「拉地毯」的畫面）。

有些人經常忽略最壞的決定背後的脈絡，也就是別人一開始的選擇或環境會創造動能，那些動能最終使他走向最壞的決定。我們常把爛選擇當成故事的開頭，例如：「他搶銀行」、「她考試作弊」、「他酒駕」等等。然而，這些事都不是隨機發生，而是一連串錯的選擇、往錯的方向發展，以及長期混亂累積的不幸結果。這不公平，但正如我在這本書開頭所說的，**動能從來都不公平**，它可以將你推向高處，也可以將你無情擊潰。所以，要把它當一回事。

創造你「熟悉」的美好人生

太嚴肅了嗎？哎喲！我最想分享的是解決方案，而熟悉感正好能引導我們找到非常好的辦法。

想想看：你願意的話，很容易能訓練自己每次進浴室時都拍一下牆壁。事實上，我打賭至少有一個人會這麼做。這是不是有趣，又有點蠢呢？做這個動作沒有什麼好處，而且毫無意義，但是如果有人做得夠久，將來就會**更偏好**這樣做，因為這是他們進浴室最熟悉的方式。

人有許多特定習性，我們重複做這些事，只因熟悉和習慣。就像有人也會避免踩到人行道上的縫嗎？都怪小學時有人告訴我：「踩到縫就會害你媽媽的背受傷。」如今的我，一個鬍子灰白的成年男子，有時還是會為了媽媽避開人行道的縫。我不迷信，只是太習慣這個動作。

想知道一個行動如何創造長期動能，不妨想像有人每天拍打牆壁或走路避開人行道的縫。你要是能訓練自己拍牆和避開裂縫（雙關！）[2]，幾乎各種行為都能訓練自己喜歡上。重複痛苦行為的例子，也許更能說明我們對熟悉感的無力抵抗，不過這太讓人沮喪了，所以還是繼續用拍牆這個好例子來說明吧，萬歲！

2　裂縫（crack）在英文中有毒品之意。

熟悉感（之後可能成為習慣）是行為重要的長期動能因素。當你做出行動，就算只有一次，也會對行動本身、引發行動的因素和行動帶來的任何獎勵（假如有的話），產生一點點熟悉感。**即使你覺得這個經驗有些平淡或不滿意**，這種接觸依然對大腦的長期偏好影響很大。

不過，我在這要先分清楚熟悉感和習慣，因為熟悉感發生在習慣之前。第一次做某行動之前，先從外部來源獲得熟悉感（影片、教育訓練或故事等），會提高我們的舒適度和嘗試的意願。

*

有人認為習慣一定要搭配外部獎勵才能養成，其實不見得。獎勵確實可以幫助增強行為，但光靠熟悉感也能形成習慣，因為大腦認為熟悉感很有吸引力，或本身就是一種獎勵。

我並不是說習慣影響不大，如果習慣不強大，那我不就要刪掉我其他的書！習慣是熟悉感的成熟階段，也就是後期的形式。習慣的力量從熟悉感**開始**，這就是為什麼我一定要強調熟悉感的重要。當你想改變自己的行為時，必須盡一切努力熟悉新的生活方式，並形成規律。

現在，前兩項定律的負面例子，說明了動能有摧毀我們的力量，但我們也可以創造強大的正向動能。接下來的第三定律將揭露一種「假」動能，不幸的是，很多人還以為那是真正的動能。

第三定律

3

你感覺到的動能是假的（關於速度的迷思）

還記得我們討論過人類動能的組成要素嗎？

1. 方向（短期動能）
2. 力量（長期動能）
3. 速度（？？？）

我們已經分別確立前兩者為短期和長期動能。至於速度？說來抱歉，我只是要對原本物理學的隱喻有禮貌，才把它列出來。接下來這句話可能會讓你很驚訝，準備好了嗎？

行為的速度是破壞人類動能的兇手！

我知道這樣的說法很奇怪，似乎違反了物理定律，但我特別指**人類**動能。抱歉，我們的動能就是這麼特別，不是每個物理學的隱喻都能完全對應複雜的概念。這個隱喻仍然提供了有用的觀點，只是不一定跟大家想的一樣。

速度是可變的測量指標。我說速度不是人類動能的一部分，意思是求快可能使人妥協或犧牲，反而阻礙了人類動能。

追求速度，為什麼讓人最後失去動能？

速度衡量的是一段時間內所覆蓋的距離。例如：汽車每小時（時間）可開六十英里（覆蓋距離）。大家最常以速度來定目標，希望在設定的時間內抵達目的地（覆蓋距離），例如：

- 連續三十天每天運動三十分鐘（三十天內運動九百分鐘）
- 連續三十天每天冥想三十分鐘（三十天內冥想九百分鐘）
- 淨食三十天（三十天內吃九十頓健康餐）
- 連續三十天每天練習小提琴三十分鐘（三十天內練習九百分鐘小提琴）
- 果昔或果汁「排毒」十天（十天內喝三十杯蔬果昔）
- 在「全國小說寫作月」（NaNoWriMo）網站，一個月寫五萬字
- 十月之前讀五本書
- 今年減重三十磅

上面的目標都用速度為導向，是設下一段時間來實現某種成果，也提供了里程碑和／或預期的好處。速度導向的目標雖然管用，但這種結構會削弱動能。在我們深入了解為什麼之前，先來討論這類目標的優點。

速度型目標的優點

我不是要攻擊傳統的目標設定方式，也希望保持公正和友善的態度。因此，在批判速度導向目標之前，我想先說明它的好處。

速度導向的目標最大的優點就是**目的明確**。假如你能把想法目的化為明確行動，你就更有可能去做。三十天挑戰的優點在於，為每天都設定了明確的目的。這點很讚。

明確目的是非習慣性行為的先決條件。沒有目的，你就會用自動導航過活。完成目標後所獲得的滿足感和成果，是這類目標的另一項優點。你設定了一個（任意的）里程碑，然後達成它，因此感到滿意。這種回饋可以激勵你堅持到底，直到獲得最終的獎勵。

最後，三十天挑戰非常適合拿來做實驗。如果你想嘗試新事物，看看自己是不是喜歡，比如洗冷水澡，試個一週或一個月都很好。

但是這本書不是為了實驗，而是希望透過動能改變甚至扭轉你的人生。生活中難免有些事，你**知道**自己想改進，你**知道**只要持續做就有好處。運動是最常見的例子，此外還有健康飲食、工作效率、居家維護和整潔、財務規畫、溝通技巧、條理秩序和冥想等等。在人生最關鍵的地方，唯有真正的動能可以發揮作用，而速度導向的目標在這些地方並不適用。

速度型目標的大問題

速度導向的目標也是以時間為導向的目標，畢竟時間也是衡量速度的其中一個要素。時間在很多方面都很實用，但速度導向的目標通常會橫跨多天，這剛好是最糟的時間範圍。

任何時間導向的目標，只要區間超過一天，基本上都有缺陷，而且缺乏真正的動能。

怎麼說？因為這是人類生物學，與睡眠有關。

我認識的每個人都會睡覺。如果你不睡覺（或執行多階段睡眠法，或你是吸血鬼），下面我說的就不適合你（你們幾個吸血鬼可以先跳過這部分了）。但你會睡覺的話，這點就非常重要！

＊

我們結束一天後，會睡大約八小時來恢復精力，這就是人類生命的結構。也許你會多睡一點或少睡一點，但睡眠還是是每天之間的緩衝。

身體和腦部活動在睡眠期間會**大幅減緩**，來從壓力中恢復（心理、生理或細胞層面等）。所以我問你……當你躺平失去意識、身體停止動作，幾乎動也不動八小時之後，怎麼保持前一天的動能呢？

答案是，保持不了，你會失去所有的動能。這沒關係，但你必須因此調整生活方式。

由於睡著時發生的生理變化、時間的流逝和意識的改變（從清醒到無意識，再到清醒），當你醒來，已經失去了之前累積的動能。就像電腦重新啟動一樣，一切都回到原來的狀態。

還記得動能第一定律嗎？**你最可能持續做剛剛所做的事**，你的短期動能**總是**從這邊來。你不可能一邊縫衣服，一邊同時擁有打橄欖球的短期動能，除非你同時做這兩件事——聽起來很危險刺激，我倒是很樂意欣賞一下。總之，如果你在縫衣服，那你（很可能）不在打橄欖球。因此，如果你在睡覺或剛醒來，前一天的努力就**毫無任何短期動能**，完全是「零」！

早上醒來時，動能基本上不是中性的，一早昏昏沉沉或想賴床的人最能證明這一點。我們可以說**新的一天**是中性的（非正也非負），但根據動能第一定律，你生命中的每一刻都有動能，包括睡著的時候。我不知道你們怎麼樣，但我自己有很多次午覺都睡過頭，我一直按下貪睡，這就是睡意動能的力量。

早安，你的動能狀態是……

「躺在床上」就是你醒來後的動能狀態。建議你用從睡覺得到的能量起床，並開始新的一天。早上是你創造一天正向動能的第一個機會！

很多人（理所當然地）都很重視健康的睡眠和晨間習慣，因為這能幫助輕鬆創造正向動能。此外，早上當身體的荷爾蒙調整完，或你偷吃步借助咖啡因時，應該會是你一天中能量最巔峰的時候。更不用說，你越早在一天中創造正向的動能，就有越多時間得到好處。

這跟訂下十天計畫有什麼關係？這表示十天計畫沒辦法累積短期動能。如果你希望在十天內借助動能達到特定目標，就要將十天當成十個獨立的一天，畢竟動能不會延續到下一天。

要每天創造新的短期動能，不然很容易突然偏離軌道。

我的意思是，第一天的成功對第二天沒有任何幫助。但是……是這樣嗎？我通常第一天成功了，第二天會感覺更有動力。這是成果給你的信心，或是我所說的「感知動能」，而這種動能的運作方式並不符合前兩項定律，所以我也叫它「假」動能。

感知的動能是假的

人類動能並不是我們隨時都擁有和可以使用的單一力量。它是透過**兩種特定機制**在兩段不同期間（短期和長期）作用的力量。

短期和長期動能引導我們反覆做同件事，但過程和方式並不一樣。

一天內的動能是由所謂的「行為物理學」來驅動，長期動能則是來自於經年累月做某件事後腦部的神經系統變化。[1]

短期和長期動能之間，有荒謬又尷尬的鴻溝。難道超過一天之後，我們就要等待幾個月甚至**幾年**，才能獲得強化的動能？就是這樣。但或許正因為這麼尷尬，我們才會當作這個鴻溝不存在。我認為這有點像「周邊視覺」，就是大腦會「填補」視覺中的空白。

我們的眼睛只能聚焦在一小部分的區域，但大腦會發揮創意來畫出其他部分，使我們眼中看來像一幅完整的畫面。然而，精巧的視覺錯覺也顯示出，大腦可以讓人看到實際上不存在的東西。俗話說「眼見為憑」，但某些時候只要「相信」就能「看見」（不存在的東西）。

我們能看到並理解兩種動能機制（短期和長期），就會假設兩種動能之間沒有斷點。也可以說，因為我們希望短期動能會直接延續到長期動能，大腦會讓我們誤以為自己看到了這種連續性，即使它實際上並不存在。

有時有效，但並不可靠

感知的動能是安慰劑效應。就像所有安慰劑一樣，有時真的有效，但還是大腦創造出來的一種錯覺。感知動能並不像真正的動能那樣可靠。

*

套用投資經理人的一句話：「過去表現無法預測未來結果。」投資人讀到這句警語卻裝作沒看到，還說：「但這檔基金連續四年報酬率高達二〇％！」結果伯納・馬多夫（Bernie Madoff）還有二〇〇八年的金融海嘯就出現了——抱歉，我扯遠了。

有一點要說清楚，做某事成功兩週雖然**感覺像是**動能，也模仿真實的動能模仿得很像。然而不一樣的是，真正的動能不會隨便消失，但感知的動能可能會。

當你持續做某事三十天，真的會對這個行為產生一定的熟悉感，在建立長期動能上也有一點進步，只是**這不是你想的那種進步**。在這個階段，習慣還是非常脆弱，一不小心就很容易被其他習慣取代。[2] 雖然還是有進步，但就動能來說，做三十天跟你做第一天的時候差不多。簡單來說，你離「成功建立穩定的動能」這個目標還有漫漫長路要走。

堅持做某事三十天，通常不會帶來大家想像中那種扭轉局面的動能，更不要說只做一、兩週了。在一場需要奮鬥多年才能贏的戰爭中，為什麼只給自己三十天呢？當然，我知道把目標訂在三十天感覺比較不可怕，但這正是一個「理念正確但方法錯誤」的例子。

當你連續幾天都做某事時，努力的結果會增強你的信心。這樣的進步當然有意義，但不像真正的動能那樣有韌性。這解釋起來有點困難，因為大多數人把動能當作一連串的成功，而不是一種帶來成功的機制。接下來我將解釋為什麼。

速度導向，其實就是結果導向

以時間或速度為導向的目標和中期動能都代表了同一件事，就是想在某個時間範圍內尋求特定的成果。重點是，雖然這種策略有缺點，還是可以產生短期和長期動能。例如，你的目標是今年每天健身一小時，每當你實際健身時，都會產生短期動能，幫助你完成訓練，並讓你的一天更美好。此外，持續幾天的健身還會產生少量的長期動能。

問題是，這種方法太注重**結果**，反而會扼殺動能，所以不但風險高、不可靠，還容易突然失敗。你做這個行為是為了達到設下的里程碑（結果），所以只有當你獲得這個結果時，才會認為自己成功了。你是因為有好處（結果）才有動力去做。無論是達成當天的行為目標，還是因達成目標而獲得好處，一切都取決於結果。

＊

但結果總是難以捉摸。

假設你決定天天做一百下伏地挺身，這件事基本上在你的掌控範圍，但還是不斷會有內部因素（如動機、疲勞）和外部因素（如受傷、忙碌）會妨礙你的計畫。更糟的是，即使你能堅持下去，也可能需要比預期更長的時間才能達到希望的健身效果。光是一**個你幾乎能完全掌控的行動**，就充滿了這些不確定性和挑戰。想想看那些跟別人有關的目標！天哪！

大家設定的目標多半都以結果為導向，這正是問題所在。

以結果為導向的目標常會自我妨礙。例如：如果要改造人類大腦來提升投籃準確度的話，第一步就要移除腦部關注每次投籃結果的區域。你知道為什麼嗎？因為你上一次投籃的結果跟你下次投會不會進沒關係。結果並不參與過程，只會造成干擾。人類大腦中，投進或不進會影響我們的信心，也會影響我們下一次投籃！你知道我想說什麼了嗎？我們需要開刀改造大腦！

投籃準不準取決於兩大要素：肌肉記憶和執行力。肌肉記憶關乎命中所需的機械式動作。麥可・喬丹（Michael Jordan）曾經在一場球賽中閉眼罰球。他投過了數千次罰球，對成功罰球所需的精確動作早已熟練。沒錯，他進了。

然而，就算是肌肉記憶絕佳的最強射手也有投不進的時候。為什麼？因為人為因素會干擾機械動作的**執行**。

手感有冷有熱？

就像十天計畫的動能，籃球員手感冷熱的想法完全成立，**但只是一種安慰劑效**

應。球員手感熱，是因為他們這樣想，信心提升就投更準。而信心有助於提高執行力，隨著信心增強，球員投籃時就**不會想太多**，**注意力更集中**。

投球一直失誤又有什麼影響？這要看球員的心理素質。如果他們擁有經過特別設計、不在乎結果的大腦，那就算失誤也沒影響。但如果球員依靠出色的成績來建立打球的自信（或說是普通人類），那失誤可能會導致他過度思考、擔憂和猶豫出手，這些都會對投籃表現產生負面影響。這就是為什麼球員手感差時很容易百投不中。

菁英球員會盡量不讓失誤影響他們的信心或下一次投籃。有次，NBA球員德隆·威廉斯（Deron Williams）在一場比賽中繳出九投零中的成績，已故的傳奇球員科比·布萊恩（Kobe Bryant）被問及對這件事的看法時，他回答：「要是我，寧願三十投零中，而不是停在九投零中。九投零中代表你心態崩潰被自己打敗。他在比賽中其實還有很多投球的機會，但沒有出手的唯一原因，就是對自己失去了信心。」[3]

布萊恩以堅不可摧的自信著稱。他的自信不是建立在投球有沒有進，而是他相信自己，已經擁有充足的準備與球技。我們可以從這種心態中學習到很多。

短期和長期動能就像投籃的技巧一樣，如果你將自信建立在上面，**自然會**產生正向的結果和信心，這才是成功的關鍵！

太依賴結果，導致沒有結果

如果你將信心建立在最近的成果，一旦成果不理想，自信心就會崩塌，**導致更差的成果**。這很可怕，代表你本來可以立刻創造正向動能，但一時的失敗讓你喪失自信而放棄。現在，你是否回想起了那些沒達到的目標？這正是你失敗的原因。其實，你本來可以成功，但你掉進了這個陷阱。

時間管理專家唐納・韋特莫博士（Dr. Donald Wetmore）曾說：「九成加入健身房的人會在九十天內放棄。」這不是巧合，九十天正好處在中期的時間範圍，既不是剛開始的第一天，也不是一、兩年之後。

那些依賴中期動能假象的人，在面對困難或失敗時，可能會失去自信並放棄，類似布萊恩描述威廉斯在比賽中表現出的心態。同時，這種行為模式正好也符合韋特莫博士的統計數據所指出的現象：多數人會在中期階段放棄。相信正在閱讀本書的你對這並不陌生，畢竟大家都有過類似經驗。

要是一次失誤就擊潰你的自信，那麼你遲早會失敗，畢竟沒人可以「永遠保持最佳狀態」，也沒有人百發百中。那些追求中期（感知）動能的人，當計畫面臨阻力時，很容易就陷入困境。

百分之百成功？調整目標就好

真正的動能很特別，能確保接近百分之百的成功率，這是數學上的機率。然而，感知動能則很不穩定，它能輕易帶來驚人的成功，但同樣能輕易令人失敗。

你不見得要「相信我說的話」，不妨自己決定這些數據可不可靠。不過，讓我先舉一些例子。

你知道什麼事很少見嗎？就是一個人穿著運動服去健身房，進去後又轉身回家。每次我走進健身房後，百分之百會運動。無論如何，我總會**做點什麼**。為何這種情況下我很少放棄？這是**在我正式開始重訓前的活動**，但為何總是能確保我進行訓練。原因在於，它是**真正的**短期動能。這種動能不是基於你認為自己做得如何，或是昨天的表現，而是基於你實際走到健身房的幾個步驟。每步驟都帶有真正的動能，並推動下一個步驟。這就是為什麼長期以來，我唯一的目標就是「出現」在健身房。因為我知道，一旦我到了健身房，接下來的事就會自然而然發生。

你知道還有什麼事很少見嗎？一個人每天去健身房五年，然後突然不去了。為什麼呢？因為這是**真正**運動習慣的長期動能。我已經堅持運動九年了，而我可是世上排名前百分之十的懶人。

一個人嘗試做某件事三十天就不做了（或更早放棄），這不幸地非常**常見**。設定了長期目標，卻在兩個禮拜後放棄，這不幸地也很**常見**。我們都有這種經驗，而且總有很多藉口。但如果你深入思考，會發現問題在哪——當動能消失，目標也就跟著消失了，尤其是你誤把感知動能當成真正的動能的時候。

感知的動能還是有用的

我雖批評了感知的動能，但我要稍稍為它講一下話。感知的動能其實也相當有用，正如相信自己「手感正熱」的籃球員能打出精采表現，感知的動能對我們也有相同效果，**有時**甚至能幫助我們度過沒有動能的空白期。

那麼問題在哪裡呢？我們都想要超棒的成果，也希望有自信。你有成果和自信時，當然可以靠它們！這關乎你的核心觀點，會在你遇到不順時浮現。

我們應該要仔細理解動能的本質和作用，重點是要明白，感知動能（或信心）在中期確實有用，但**如果過度依賴它來持續行動**，反而會害了你。

當你理解人類短期和長期動能的基本機制，並明白中期動能多半是安慰劑或只是提升信心，而不是長遠的解決方案時，生活方式就會整個改變。

大多數的計畫為什麼沒用？

想像一下，如果一支球隊完全相信「手感」是進球與獲勝的最好方法，就不會勤練球，而是每場比賽都相信或希望自己會「手感熱」。這樣一旦出現「手感不佳」的跡象都會摧毀他們的自信。這樣不穩定的球隊表現一定很爛！

大部分人在嘗試達成目標時，都像這支球隊，**完全仰賴**感知動能。套用其他暢銷書流行的行銷用語來說，這些短期計畫試圖讓人「快速啟動」去做些事，像是吃得更健康、多運動、清潔、減重、更努力工作等等。「快速啟動」就是「依賴早期成果」

來推動自己。這種方法一開始雖然有效，但最終（突然間）會沒用。這嚴重誤解了人類行為、心理和動能，但聽起來相當鼓舞人心，還能賣書，難怪其他作家會繼續寫這類內容。

一個人設計出自毀的計畫，不是很奇怪嗎？這類計畫通常有兩個特徵會破壞短期和長期動能：

1. 鼓勵設定難度高的目標，例如：超純淨的飲食、每天一百下伏地挺身、高強度的運動計畫或高字數的寫作練習。這些想法都很好，但這結構卻不利於累積動能。別忘了，設目標就好像撐竿跳，必須跳過那個高度才算贏。你不想設定了一百下伏地挺身，卻只做了八十五下。就算八十五下伏地挺身已經很不錯了，但還是沒能跳過那根橫桿。這種結構下，你最可能達到的數字只有兩個——一百或零。每當你認為自己做不到一百下時，就乾脆不做。「全有或全無」的思維是短期動能的敵人。這種思維要求你一旦開始某件事，就一定要**做到最好**。你會抗拒開始一項艱難的任務，然後什麼都不做，這正是進步和成功的敵人。每前進一步都會產生**短期動能**，因此，比起許下宏願（冒著停滯不前的風險），**開始行動**（選擇方向）總是更有價值。當你開始行動之後，接下來再設定更高遠的目標也沒問題，因為你已經透過動力確立了方向。

2. 這類計畫不打算讓你持續做一件事，時間長到足以改變你的大腦。同樣，目前沒有科學證據支持習慣能在三十天內養成。但大家相當迷信這個數字！由於這類計畫通常在三十天內結束，因此無法產生長期動能。正如我在《驚人習慣力》討論的，有項關於習慣形成的研究發現，習慣養成通常需要十八天至兩百五十四天，平均要六十六天。[4]習慣是由對特定行為的熟悉感、自覺努力和信任組成的行為光譜，而不是需要達標的神奇數字。

我們討論的所有內容，解釋了為何速度導向的目標結構**與動能抵觸**。長久下來，追求速度反而會拖累你的進度，最後失敗。與此同時，我那「每天做一下伏地挺身」的簡單目標看似很蠢，卻讓我堅持下來，並在**九年後**變成規律（完整）的運動習慣。

這個方法雖然簡單，卻幫助我輕鬆產生了短期和長期動能。就是這樣微不足道的開始，最終促成了九年持續鍛鍊的成果，是不是很不可思議？這就是動能的魔力！[5]

要突破瓶頸？先放下感知

如果你還是認為自己能靠三十天挑戰達到偉大的成就，那你應該考慮另一個問題。這是每個人都會遇到的問題，不論採取哪種策略。

由於中期目標和挑戰依賴感知，而不是你創造動能的能力，它們通常難以通過瓶頸的考驗。[6]

你在感知到自己的動能變負向或減少時，會如何？你在感知自己陷入瓶頸時，又會如何？如果你依賴感知，只會強化這種停滯。

這是大家常犯的錯誤，我們讓自己隨著對處境的感知而起伏不定。但是，停滯的瓶頸之所以存在，是因為我們認為它存在。讓我來解釋一下。

假設你犯了很多錯，而且放棄自己的夢想很久了。此時的你有兩個選擇：相信你自己陷入瓶頸而無法前進，或相信自己有力量脫離。只可能發生這兩件事。

一般來說，人一旦開始創造正向動能，就不再處於瓶頸的狀態（短期）。不過，要是一成不變的行為已形成習慣，也許就得下更多功夫（長期）。但出路是相同的，就是每天不斷創造正向動能。

例如，假設你感覺自己陷於不健康的瓶頸中，像是既不運動，吃得也不健康。除了你的想法之外，還有什麼會真的阻止你下一餐沒辦法吃健康一點？到底是什麼阻止了你今天或現在去散步、重訓或跑步？

我不是說你那種要改頭換面的超大改變，而只是「一次」行動而已。所以，什麼阻止了你？只有想法：認為改變實際上更困難、需要完美計畫才能開始、一頓健康餐還不夠、想做出的改變太難，或是自己永遠做不到或不夠好。**這些瓶頸會出現並持續下去，都是源自於你對自身處境的看法和感知**。

過度關注結果和成功天數的**這種思維**會帶來嚴重的負面影響，**會讓我們過度依賴對自身現狀的感知**，使我們無法做出能產生真正動能，並帶我們走向更好道路的簡單行為。

*

現在，如果你先運動再吃健康的一餐，會對你原本不健康的瓶頸有什麼影響？表示你當下根本沒有瓶頸。如果你現在就站在山頂驕傲地眺望美景，怎麼可能是在瓶頸裡呢？瓶頸只存在心中，因為我們可以透過實際行動和動能來擺脫。

你看到了嗎？感知動能不論是正向或負向的（基於情感和結果），都會對我們造成傷害。

- 正向感知動能經常看似比**真正的**動能更重要，會帶來**表面上的進步**，但這種進步只會維持在感知有效的期間，隨時可能崩潰。
- 負向感知動能則會主動拖累我們，就像有個人以為再向前有危險的懸崖，但其實只有漂亮的人行道，旁邊還有賣檸檬水的小攤子。他可以輕鬆向前走，但卻因為自己心中的錯覺感到害怕，誤以為很困難或危險就不敢前進。

我們已經知道感知動能的影響了。善用正向感知動能可以得到好處，但**絕不要**再依賴，因為它來得快，去得也快。

*

套用在現實世界的例子，我可能**認為**自己今天已經寫了夠多了，並感覺我的動能和創作力都太低，沒辦法繼續寫。在我這樣想之後，我可以設定一個小目標，像是再寫一句或一小段來產生實際的動能。你不妨試試！這種情況很常發生，通常我會發現自己感覺沒有動能，其實完全是腦袋捏造出來的。

寫下這句話的那天，我感知到自己陷入多年來最嚴重的寫作瓶頸。不過，雖然有這種感覺，我還是動筆寫，但完全沒信心自己能寫超過一段。可是六小時過去了，我還在寫，完全火力全開啊！

感知往往有錯誤，尤其是關於動能。你總會對自己的狀態有某種感知，但這些感知不一定反映了真實情況。只要你專注行動產生的真正動能，不被感知影響，就能克服負向感知（就像我寫這段的今天），並在正向感知作用的期間持續前進，不會突然崩潰。

我會陷入寫作瓶頸，就是掉入我一直警告自己避免的情況。之前兩次嘗試下筆，我注意力不集中，沒什麼好點子，只是盯著電腦頁面卻沒有動筆。**我讓自己過去幾天的感知影響了隔天繼續寫作的意願，彷彿這感知很重要**。我讓感知阻止自己產生真正的動能。而今天，我看到了這樣做的代價。這場六小時的火力全開其實早已等我好幾天了，但我害怕去嘗試，因為我以為自己還陷在瓶頸裡。

不論你我，誰都無法完美應用這些定律。但沒關係，重點是了解動能如何運作，並多練習創造動能。你練習得越多，表現就會越穩定。從依賴感知轉向真正的動能，需要時間養成，但這絕對值得！

該怪科技嗎？

追求速成、希望感知動能可以帶我們達到理想的巔峰，這些渴望肯定來自某處。多數的心靈成長叢書是無用的，還助長了這股風氣。但這可能也跟現代科技有關。

科技讓人越來越沒耐心。我剛剛算了一下，我只需要在奇波雷墨西哥烤肉餐廳

（Chipotle）的應用程式點擊**三次**，一份墨西哥捲餅就會在三十分鐘內送到。只要不到十秒，我就能查出大白鯊游泳的速度多快（時速三十五英里，**真嚇人**）。現代社會讓我們幾乎可以立刻得到想要的東西，但我們畢竟不是機器人，還是要聽命那傳統又緩慢的大腦系統。

「快速啟動」一週減肥計畫，聽來像是好玩、**高效**、令人興奮的高科技解決方案！但其實多數計畫都是一團亂，設計糟糕、進展緩慢，而且**跟動能背道而馳**。

感知動能確實很棒，但也非常脆弱，一旦你**感知到**它消失了，它就真的消失了。如果有天你太累而沒有達標怎麼辦？動能就沒了。要是結果不如人意，讓你懷疑努力值不值得？動能也就沒了。如果你感覺當天無法投入有品質的時間或精力呢？動能又沒了。

好消息是，即使連續幾天不順利，也不代表你注定失敗，只是代表你最近沒有選擇去創造短期動能，或你產生的動能比預期還弱。今天你可以再試一次。

真正的動能就像從山上滾下來的巨石。這塊巨石根本不在乎你對它的感知，**它只是一直滾，不會停下來問問題**。而感知的動能更像是在微軟 Windows ME 系統上運行的虛擬動畫巨石，隨時可能出問題。

※黃金法則：每天的一小步，動能的一大步

在此，我想與各位分享一條黃金法則。要是你認為我關於真實和感知動能的討論，只是一場沒有實質內容的「表演」，那麼請聽聽我接下來要說的。這條黃金法則能準確說明，從現在開始如何在生活中應用這些定律。

帶著這條黃金法則，無論你走到哪裡，都能沒人擋得了你。

※建立長期動能需要數月到數年，但在此前，你「每一天」都要在自己重視的領域創造短期動能。**也就是說要朝著你選擇的方向前進，就算你只能邁出一小步**。

我要再次強調這種心態多有用！人做任何事會失敗，是因為將真正的動能視為理所當然，或假設自己已經擁有動能。有人認為連續一個禮拜或一個月做某件事，就表示他們接下來也可以「順利過關」。不，不，不，他們還沒建立起長期動能（即使是長期動能也不是萬無一失，但它是強大的，而且是我們能達到的最佳狀態）。

每天都要像第一天一樣創造短期動能。這點不難做到，我們將在第二部探討。久而久之，你的成果將會像聖誕節閃耀的雪花一樣令人驚喜。

要是你能善用這條黃金法則，將會進入正向動能的循環。首先，你能熟練創造短期的正向動能，這種動能可以應用在數不清的層面！再來，所有你製造動能的領域都將帶來長期的回報。

4 第四定律

你做的一切都會造成「指數型漣漪」

我們介紹了動能的基本定律，知道動能如何在短期和長期運作，也知道要避免感知動能的陷阱。現在，是時候看看更令人期待的部分了。我們將從動能的運作方式，轉向探討動能可以為我們帶來什麼。

最後的第四定律將探索動能的數學，但會比一般的數學更有意思。人類動能的力量不是線性成長，而是指數成長。你創造的每一點動能，都會產生更多的小動能，而這些小動能又能生出自己的「寶寶」，最終讓你最初的動能變成「阿嬤級」的動能。

業餘和大師的差別

業餘棋手和國際西洋棋大師的主要差異是，業餘棋手（如我）只考慮他們的下一步或下三步。但大師級棋手馬格努斯・卡爾森（Magnus Carlsen）有時甚至會提前設想十五到二十步（他的腦袋肯定有五十磅吧）。如果我們像卡爾森一樣思考自己的行動，會怎樣呢？

各個行動都有改變動能的屬性，並影響**未來數個行動**，而這些行動本身也有動能，會繼續影響後續的行動。不成功的人會像業餘棋手，只著重在行動的初步影響。成功的行動者則像西洋棋大師一樣思考，會衡量一個行動現在和將來會產生的許多動能漣漪，還有他們的目標和夢想會受到哪些影響[1]。

在我的書《迷你習慣減重法》（*Mini Habits for Weight Loss*）中，引用了我最喜歡的一句話。這句話探討了食物、能量和生物之間複雜的交互作用，也顯示出一個小小的行動如何在整個系統引發指數型漣漪。

「你的飲食會實際改變你消耗能量的方式。同理，你消耗能量的方式也會影響飲食內容（和方式）。更仔細來說，你攝取的食物會進一步影響你後續的飲食。隨著你的體型變胖（或變瘦），會影響你消耗能量的方式。」[2]

——彼得．阿提亞（Peter Attia）博士，長壽醫學專家

*

大家常將體重變化過度簡化為熱量的攝取和消耗。但這沒辦法解釋個人的神經心理學（行為與大腦處理過程的關係）、個人與食物的關係和重要的心理生物學互動（行為與生物過程的關係）。例如：當人在半飢餓狀態（典型的節食者）下降很多體重時，身體就會反擊。細節很重要，因為它們會產生漣漪效應。

漣漪效應

我們會相信，小物體撞擊水面時可以激起大圈漣漪，因為我們有看過這個過程快速發生。人生中也存在這種動能漣漪，但它們是看不見的，會在不同的時間段中以不

同的行為發揮作用，因此比橡果造成的漣漪更難以察覺和理解。

漣漪效應在發生之前和當下都難以預見或相信，但事後卻難以否認。具體說明各種動能的指數型漣漪將會大有幫助，也能更容易預測和觀察。我們已經討論過短期、長期動能，接下來讓我們探討另一種動能。

動能的三種漣漪

做出各項行動時，都必須考慮三種動能的「漣漪」：短期、長期和相關領域。圖2中的順序沒那麼重要，每種情況也不見得都按照這種順序。相關領域可能是緊接著短期漣漪之後的下一波「漣漪」，也可能是在某領域長期發展七年後才會出現。順序沒那麼重要，重要的是了解這三種漣漪。

我們已經討論過短期和長期動能的影響，現在來談談最後一種漣漪效應：「相關領域」漣漪的難以衡量的強大力量。

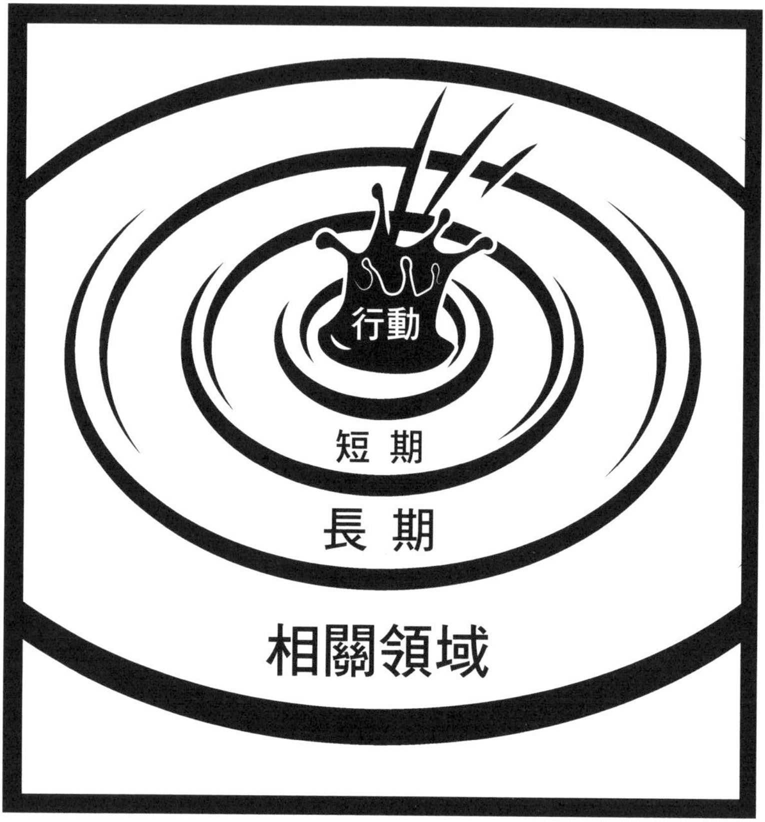

圖2：短期、長期和相關領域的漣漪

相關領域：影響人生的每個行動

每個行動都會「產生漣漪」，創造出其他想法、感受、影響和行動，而這些想法、感受、影響和行動本身也會產生漣漪！

我最近才意識到籃球對我多重要。籃球只是遊戲、運動，卻在我生活周遭產生巨大無比的動能。我真的很驚訝籃球對我影響這麼大。我打球時，我也得到下列好處：

- 減輕壓力
- 促進健康
- 鍛鍊身體
- 社交
- 拓展人脈或交朋友
- 增強自信
- 改善睡眠

這些各領域都有自己的一套短期、長期和相關領域動能，由於涉及範圍太廣，實在難以量化。所以，我們就先來看怎麼改善睡眠。

我有時非常淺眠，就算睡了八到十小時，醒來還是昏昏欲睡。但我發現，要是那天打了幾小時籃球，晚上就會睡得像美洲獅一樣熟（美洲獅很會睡，因為牠們是貓科動物，而貓發明了睡覺），就算隔天比平常早起，還是神清氣爽。簡單來說，籃球對睡眠這個相關領域的影響，簡直**不可思議**。

現在，讓我們來討論**這個相關領域**的其中一個相關領域。想想看有精神地早起和很累地晚起有什麼差別。這種差別沒辦法量化——但會影響我做的**每件事**！更高效的睡眠讓我每天多出一小時的清醒時間，而這只是打籃球影響的其中一個相關領域的相關領域。結論就是：「一個行動對生活的整體影響太大，難以完全掌握。」如果我甚至連一個漣漪的漣漪都沒辦法量化，要怎麼徹底理解打籃球的整體影響？這就像我們看HVS3超高速星一樣。

打籃球（或做其他事）不是獨立的事件。當我選擇做這些事時，我豐富了自己多方層面的生活，其中很多是我沒有意識到的（例如：促進血液循環、營養分配和其他內部細胞過程）。像任何指數型成長的事物，打籃球產生的動能效應，會迅速擴大到超乎理解的程度。如果選擇專注於其中一個影響（即「跟隨其中一條線索」），你會發現，這個影響會進一步導致其他影響，這種漣漪效應幾乎是無止境的。

打籃球↓改善睡眠↓精力充沛↓早起↓自我價值提升／沒有賴床的罪惡感↓更自信↓征服世界↓無限寶石↓彈指消滅薩諾斯↓跟緋紅女巫結婚↓跟美國隊長和鋼鐵人一起辦單身派對

我承認打籃球（可能）不會讓我進入漫威宇宙，但不看後面離題的部分，要是我們挑那些對現實生活的影響來看，你會發現，**相關領域**影響了數個相關領域。例如：更有自信對我的戀愛生活或事業有什麼幫助？**這些領域**的進步又會怎麼影響我人生的其他領域？

試著觀察一個行為全部的漣漪效應，還有這些漣漪如何引發其他漣漪，就像試圖理解宇宙有多大，或算出世界上有幾粒沙子一樣困難。光是一個行為，潛在的動能就**這麼大**。但生活是由**數不清的行為組成**，使我們更難分清楚。

有些行為對我們有益，有些有害，還有許多行為有利有弊。這些行為構成了我們所知的人生，所有複雜的變因掩蓋了個別行為的驚人影響力，就像數十顆橡果同時掉到水中，難以看見單一橡果激起的漣漪。

用動能全面解析行為

讓我們來看看一些具體的例子，來了解動能的整體架構。

當你運動的時候……

1. 你更可能持續運動不中斷（短期）。
2. 你未來也更有可能會運動（長期）。
3. **運動幫助你**睡得更好，**心情更佳，自尊心提升（相關領域）**。
4. 每個受影響的相關領域都各自有一連串動能。例如，運動可能會讓你在短期和長期都有好心情，而你的好心情可能也會帶給別人好心情。分享一個真實故事：有天一名男子在得來速點餐時，幫後面的車付了錢，殊不知後車的駕駛那天本來打算結束生命。這個意想不到的善舉讓原本想自殺的陌生人轉念決定活下去，並讓別人的生命變得更美好（指數影響的相關領域）。[3]

當你吸海洛因……

1. 你更可能繼續吸海洛因不中斷（短期）。
2. 你未來也更有可能會吸海洛因（長期）。
3. 海洛因會引起很多可怕的副作用，害你失業，甚至致命（相關領域）。
4. 每個受影響的相關領域都有自己的一連串動能。例如，失業會害將來更難找工作，導致無家可歸和絕望。毒癮也帶給醫療機構和家庭沉重負擔（指數影響的相關領域）。

當你練習吉他時……

1. 你更可能繼續練吉他而不是停止練習（短期）。
2. 你未來也更有可能會練吉他和其他樂器（長期）。
3. 你的手指越來越靈活有力，壓力降低，心情改善，還學到音樂知識（相關領域）。
4. 每個受影響的相關領域都有自己的一連串動能。例如，彈吉他可能會增加你的自信，幫助開啟戀情，最後成為爸媽（指數影響的相關領域）。這不像聽起來那麼瘋狂！很多嬰兒可都是托動人音樂的福來到世上的。

每個行為都有三種動能，有在你的生命中引發指數連鎖反應的潛力。知道這一點後，未來的行為是不是看來**完全不同**？這些行為具有一定**份量**，原因不在於它們的大小，而是後續帶來破壞或成就的潛力。

先聲明這不是理論，你可以驗證我現在說的都是真的，**這些都是你人生經歷過的事實**。想想你人生中最糟糕的錯誤或最輝煌的成就。

讓我們先從壞事開始談起，你最糟糕的錯誤可追溯到看似微小的決定和行為，這些決定滾雪球般失控，最終釀成大錯。

小決定導致壞結果

- 與某人共度時光的小決定
- 忽視生活特定領域的小決定
- 「就這一次」嘗試危險事物的小決定
- 給某人「再一次機會」的小決定
- 忽略細微但明顯警訊的小決定（這個最近讓我損失了五千美元，這筆錢本來可以用來進行更好的投資，真心痛！）

你的成功可以追溯到看似微小的行為，但這些行為最終帶來了驚人的機會或成果。這不只適用個人，公司也適用。每家大企業都起源於不起眼的背景，有些公司的創立甚至完全是意外（像是蘋果）。

小決定帶來好結果

- 每天做一下伏地挺身（或其他迷你習慣）的小決定
- 與上進或有智慧的人相處的小決定
- 勇於嘗試並聰明冒險的小決定
- 預約諮商師的小決定
- 丟履歷、開發最小可行性商品或嘗試新副業的小決定
- 冥想、寫作、閱讀（像是這本好書）或練習技能等小決定

我人生至今最大的成就，就是我的書帶來的影響力和成功。我的書已經翻譯成超過二十國語言，幫助成千上萬的人（包括我自己）過得更好。我會踏上這條道路，因為我花了十美元購買了「deepexistence.com」的網域。而我會買網域，只是一時心血來潮，想著：「好啊，何不這麼做呢？」而這個決定又是因我讀了一篇關於寫部落格的部落格文章。我之所以讀這篇文章，則是因我一時興起，讀了一本讓我對個人成長

感興趣的書，即大衛・艾倫（David Allen）的《搞定！》（*Getting Things Done*），這本書讓我對透過寫作來探索自我產生了興趣。相信我，這還不是這個連鎖事件中最小的一環，但在此就不多說了。

這個事件最終讓我的書被翻譯成二十多國語言，起因卻是我在大學時有點缺乏條理，所以想藉由讀書找到改善方法。**真令人尷尬**，我人生最大的成就竟源於這麼隨意且微小的行動。但總是這樣！

意外的愛情故事

第一次遇見自己未來的另一半，可是個足以改變人生的重大時刻。相遇的「故事」常常有趣又好笑，因為跟相遇帶來的重大意義比起來，顯得特別**怪又意外**。

雖然我現在還沒結婚，不過我曾在派對上認識了一位前女友。當時派對上有一顆超大的彈跳球，我們連一句話都還沒說之前，我踢了下彈跳球，結果球打到她的臉上（沒錯，真高招的開場啊，史蒂芬）。我當然是拼命道歉，就這樣我們聊了起來。後來我們交往了一年，我在那段關係中學到許多。各位朋友，用彈跳球打中對方臉這招真的屢試不爽。

踢彈跳球、心血來潮買一本書和每天做一下伏地挺身等，一些不起眼的行動徹底改變了我的人生。有時候最不起眼的小事，反而能成就偉大的事業。

不過，把彈跳球踢到女人臉上和每天做一下伏地挺身，兩個還是有一個關鍵的差別。一個是不小心，一個是故意的（我可不會故意去做伏地挺身）。不管我們做什麼，生活中總會發生大事。**但如果我們能有意識地生活，並了解動能的力量，就能主動將簡單而微小的勝利變成巨大的成功。**

※黃金法則：只要可以逆轉動能，就算是最微小的行動，也能幫人走出看似無法克服的困境。

陡坡上行動自如的山羊

YouTube上有一部野山羊爬水壩的熱門影片，觀看次數超過一億六千六百萬。水壩的牆幾乎是垂直的，表面有岩石的紋理。要是水壩牆完全光滑，野山羊根本不可能爬上去。但就靠著只突出幾公釐的粗糙紋理，野山羊就能用尖銳的凹形蹄子獲得足夠的抓地力，在水壩牆上行走自如。[4]

*

如果我們是野山羊，而水壩頂端代表了「達成人生目標」，那麼可以把動能想像成水壩上那些幫助我們攀爬的小突起。這項驚人壯舉唯有靠那些細微的岩石紋理才能實現。當你回過頭來會想：「哇，我居然靠那麼小的突起一路爬到這裡？簡直是……魔法。」

我們通常認為強大的事物都明顯又戲劇化，很容易看出。但在人類生活中，動能多數時候幾乎難以察覺，就像是橡果激起的漣漪，或水壩牆面的紋理。動能是細微而穩定的力量，卻能帶領我們取得巨大的成就。

用一九七〇年代國中生的話來說，我們目前已經知道動能「酷斃了」、超重要，而且能翻轉人生。我們也討論了，動能其實比想像中更易創造，而且一開始通常相當細微不起眼。

下一章，我們將探討一些影響動能的力量。我們越了解生活中動能產生、維持、停止和逆轉的具體方式，就越能好好掌握。不過在那之前，先來個小小的額外內容吧。

額外內容：熟練度的加乘效應

熟練度會讓動能的效果加倍，例如：你越擅長某事，它就越有吸引力。它越有吸引力，你就會做得越多。你做得越多，就變得更熟練，然後就這樣反覆循環。

試想各領域的成功人士，他們似乎都進入了熟練度的良性循環。像是老虎．伍茲（Tiger Woods）很會打高爾夫，為他贏得了大家一生夢寐以求的名聲和認可，你覺得這會讓他想做什麼？當然是打更多高爾夫！

＊

老虎．伍茲本來也可以像其他運動員一樣轉換跑道，從職業高爾夫球手轉為專業拼字比賽選手。他可以每天晚上勤讀字典，熟記一些奇怪單字。說也奇怪，他沒有這麼做，反而繼續打高爾夫，儘管高爾夫已經讓他賺到數百萬、無數崇拜和技能學以致用的成就感，他還是堅持打高爾夫。等等，聽來其實還不錯。難怪在我寫這本書時，伍茲已經當了二十五年的職業選手了（他的職業生涯始於一九九六年八月，當時他二十歲）。

在某個領域的熟練度越高，所獲得的獎勵也越大。這些獎勵也包括因熟練而獲得的滿足感。

工作，滿足，工作

我們都希望當個有用的人。對有些人來說，退休生活可能是種折磨，從為公司、家庭或社會犧牲奉獻，變成整天打高爾夫（打業餘的？）和看電視。如果這是你追求的生活，那沒問題（畢竟我身為懶人作家當然不會批評），但不是每個人都能接受這種轉變。

我很懶，所以你大概猜不到下一句話，我不打算退休。我喜歡退休的生活方式，某種程度上也開始模擬了。[5] 我愛玩勝過工作，我的「懶惰面」佔了身體的八五％。

話雖如此，我在創意工作中找到極大的滿足感，尤其當我越來越得心應手。

*

熟練能帶來源源不絕的滿足感，而動能定律是幫助你熟能生巧的方法。不過，我們在稍後幾章才會討論更多具體的動能建立技巧。

「真正的快樂源於完成一件事的喜悅和創造新事物的熱情。」

——安東尼・聖修伯里（Antoine de Saint-Exupéry），法國作家

5 環境、努力，加上動能

當引擎產生的推力大於其他作用力（如摩擦力和風力）時，汽車就會移動。那如果車子翻倒在山腳下怎麼辦？輪胎根本抓不到地，就算可以，要爬上陡峭的山坡也很難。人類動能就像物理學原理，也是由各種競爭的力量決定。哪股力量比較強，就會決定我們前進的方向。

動能第一定律是「你最可能持續做剛剛做的事」。

舉例來說，我走出一步之後，通常都會接著走下一步。但如果我是往牆上踩一步，**不太可能**再踏出一步（除非我穿著反重力靴，或有野山羊的技能）。環境雖然不會使動能定律失效，但在極端情況下，確實會成為一道關卡。

你聽過運動誘發的蕁麻疹？雖然我們的社會向來提倡運動，但有這個疾病的人卻對運動**過敏**，會出現蕁麻疹等典型的過敏反應。有些人的過敏嚴重，甚至可能因為運動而引發致命的過敏性休克。如果某件事成功了反而會要了你的命，那你自然不可能在這件事上建立持續的動能了。

你的環境可能會成為動能和成功的阻礙（但很少會像運動誘發的蕁麻疹那樣，讓你完全不可能成功）。成功一部分在於正視並避開、逃離或改變負面環境，然後尋找能提供積極助力的環境。

環境能讓成功更容易

想像一顆大圓石立在山的頂峰，無論你輕推還是用力推，環境都比施力更重要——它可是在山頂上！**你用多少力都可以，只要大圓石開始向下滾，重力就會開始發揮並產生巨大動能。**

*

當環境為你完成了大部分的工作時，你只需少量努力，就能產生相當於大量努力

的結果。你根本只要在場就好。

環境不只是指物理環境，還包括心理環境。想想你使用的「系統」或方法所創造的心理環境。以飲食為例，嚴苛且充滿批判的飲食系統，會讓你因為吃了一小塊糖而感到罪惡，進而在選擇食物時營造出「不要犯錯」或「如履薄冰」的心理環境。相反，一個專注於過程且標準較寬鬆的系統，則會讓你感到輕鬆自在又更有力量。假如你不必做到完美，只需輕推山頂的巨石會如何？你所選擇的視角和方法將帶來很大的不同！

挑戰搬巨石，聰明嗎？

缺乏專業設備的話，山腳下的巨石幾乎不可能移動。如果你的努力注定徒勞，那麼嘗試的意義在哪？也許根本就沒有意義。對不斷開始又放棄目標的人而言，這種感覺想必很熟悉，但換個領域，或換個**環境**其實更好。每個人多少都試過要改變自身環境不允許的事物。

例子一：你就算是世上最會溝通、最體貼、忠誠且完美的情人，會全心全意經營一段關係，但要是遇到錯的人，像是對方不願意在關係中付出，這段關係仍然會失敗。

例子二：你想靠健身減肥，所以試著每天運動兩小時，但還是吃著披薩、喝啤酒。即使你能持續嚴格鍛鍊，還是很難減肥。若你一直身處於高熱量的飲食環境，運動將無法帶來顯著效果（除非你有超強基因和年輕的優勢）。你也許下定決心吃得更健康，但要是家裡全是**垃圾食物**，隨手可得，可能會讓你不斷受到零食的誘惑而失敗。

正向改變本身就已經夠難了，要是還必須對抗不利的環境，勝算就更渺茫了。相反，如果你的環境**有利於**產生重大成果（就像山頂的巨石），就會支持你做出成功的行動。因為就算是最小的努力也能產生巨大的改變，而你不僅能看見，還感受得到。正向的環境可以將少量到中等的努力，轉化為巨大的成功。

環境越中性，影響力就越小，而其他力量對結果的影響就越大。我們希望擁有中性或正向的環境，來實現理想的生活方式。

少花苦力，改變環境

我在健身房向一名球友解釋，新冠疫情讓我胖了十磅。封城期間，我無法打全場籃球，而籃球一直是我最喜愛的有氧運動來源。當然，我也試過繞著街區跑步，但就算只跑幾分鐘，感覺都像在做苦力（山腳下的巨石），而打兩小時籃球卻很輕鬆享受（山頂的巨石）。另外，我的家裡環境還變得有點……啤酒過量。這個話題之後再說。

從好的方面來看，疫情期間我經常在家健身，而且比以前還努力。但我在家裡健身獲得的成果，可能只有在健身房的三分之一。原因是，上健身房是我多年累積的動能，而居家健身則是全新的訓練方式。打籃球我通常一打就打兩小時，但我居家健身的次數雖多，卻不像打籃球那樣輕鬆愉快，時間也較短、強度較低。

現在我在家健身的成效進步了，也不像從前那麼費力。因為我添購了更好的設備，還裝了電視來看體育賽事，這幾年我也熟悉了這個環境。雖然花了一段時間才營造出正向的環境和動能，但現在看來完全值得！

我跟球友說自己變胖的時候，他回我：「才十磅？我胖了六十磅。」疫情帶給大部分的人巨大的環境變化（居家隔離）。我另一位朋友的情況則跟我們不一樣，她反而比以前更常運動，因為有更多時間可以在家健身。所以疫情期間，重點不在於居家隔離的好壞，而是環境會影響結果。我們應該注意各種情況下的環境變化，並視需要隨時調整。

*

基本的正向環境建議：

- 乾淨的居家環境可減輕壓力，讓腦袋更清晰。
- 符合人體工學的桌椅配置可減少身體痠痛，還有助於避免如腕隧道症候群等慢性肌腱損傷。
- 燈光的顏色和強度會影響情緒、能量和荷爾蒙。例如，我家使用飛利浦智慧照明彩色燈泡，家裡的燈在日落後會自動轉為紅色。因為藍光會延遲褪黑激素的釋放、干擾睡眠，而紅光就沒有這個問題。

- 蠟燭或薰香、藝術品、日曆、室友、氣溫、音樂、佈置、家具等，都會影響你的情緒和行為。

盡量創造一個能讓理想生活更容易實現的環境吧。一旦你創造了中性或更好的環境，就只剩下一件事要做了：推動那顆大石頭。不是想著要推，也不是等到想推的時候再推，就……直接推吧！

想法、行動、感受，哪個重要？

「行動不一定帶來幸福，但沒有行動就沒有幸福。」

——班傑明．迪斯雷利（Benjamin Disraeli），前英國首相

啊，說到人生經驗，有時候超棒，有時候爛透了，這得看你問誰（還有什麼時候

問）。以生活中所有一切來看，我們的經驗可以分成三個部分。

我們思考。

我們感覺。

我們行動。

我們透過想法、感受和行動來體驗這個世界（不見得照這個順序）。我們擁有的力量決定如何指揮這個系統，為我們帶來最大利益。想法、感受和行動之間的動態，有些形成循環，有些則像是連鎖反應，其中涉及了諸多不同因素。不過呢，讓我們先從這六個重要事實開始說起吧：

我們的想法會影響我們的行動。

我們的想法會影響我們的感受。

我們的感受會影響我們的想法。

我們的感受會影響我們的行動。

我們的行動會影響我們的想法。

我們的行動會影響我們的感受。

＊

簡單來說，三者彼此影響。不管我們著重三角形（圖3）的哪一端，都**將**影響其他兩端。問題不在於「哪個有效」，改善任何一個都會帶來成效，因為三者各自具有動能，也會影響其他兩者。**但我們必須知道**哪個**最能促成重大轉變——答案當然就是行動**。

行動比想法和感受更有力，是因為行動是客觀的，而想法和感受則屬於主觀。例如：假設你自認不是高爾夫球手，但每天都在打高爾夫，你猜怎麼樣？你就是高爾夫球手！如果你感覺自己不是高爾夫球手呢？抱歉，**只要你打高爾夫球**，就是高爾夫球手。高爾夫球手就是打高爾夫球的人，遲早你的想法和感受也會轉變，認同自己是高爾夫球手。

行動當然會贏，而想法和感受雖然在我們生活中偶爾會特別突出，但我們（不）做出的行動最終會主導我們的想法、感受和生活軌跡。想法和感受也會影響行動，有

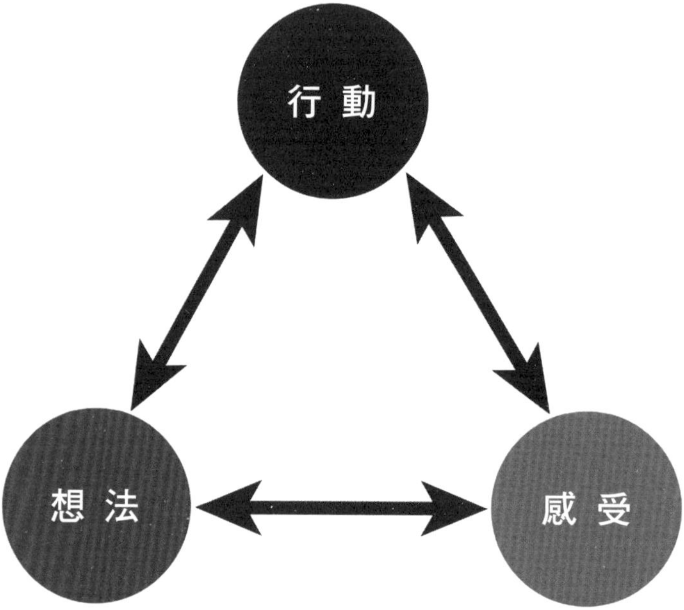

圖3：人類經驗的鐵三角

時力量甚至大到使我們偏離正軌，但如果你想在生活中積極做出改變，從行動開始會帶來最好的結果。

確實，想法和感受可能會對個人生活產生重大（負面）影響，但解決方法還是一樣。人會陷入困境，通常是因為讓想法和感受凌駕於行動之上。如果你的想法和感受碰上難關，解決方法通常還是行動。行動就是生命的泉源。你知道什麼比負面想法或感受更糟糕嗎？就是不行動。

我們必須把行動放在第一位，但要聰明地行動。我們都知道行動需要能量，但決定要做哪些行動和什麼時候要行動，也需要能量。如果你沒有管理這些的系統，很可能在開始前就筋疲力盡！那要怎麼解決呢？答案就是：「被動生產力系統」。

被動生產力系統，大幅節省能量

生產力指的是「達成或產出大量成果」。不過，追求「高生產力」的壓力有時候反而會變成毒藥。這種壓力源自於對生活和卓越表現的片面理解，例如，如果你的產出或收入增加了五〇%，結果心理健康狀態卻變差了，只能算是部分高效，部分低效。你生產力確實提高了，但同時也得到了心理健康變差這個**大大的負面結果**。雖然你生產力提高了，卻也導致**嚴重負面後果**，即心理健康惡化。

因此，生產力不只是於數字和里程碑而已，還應該包括生活品質、休息，甚至是快樂。換句話說，我們要增加產出、賺錢和進步，**同時兼顧**生活品質、健康和快樂。

真正的生產力，不是榨乾你的能量，而是管理你的能量。如果你的唯一目標是**充分利用**全部能量，結果往往會失敗。這就像成功減重一樣，研究發現那些試圖減肥的受試者，表現反而不如只想維持體重的人。[1] 當你過度追求能量最大化時，盲目的衝勁反而會讓你看不到被迫退後的危機。

職場中越來越常見的「過勞」問題，正是一種被迫後退的現象。過勞是因為過度工作而造成身體或心理上出現健康問題。過勞的人通常不得不休假數週。這種情況既不理想，也沒生產力。

所謂**管理**個人能量，表示你渴望進步，但同時尊重自己對休息、娛樂和玩樂的人類需求。如果有生產力問題，通常是沒有妥善管理自己的能量。要麼沒充分發揮個人能量（導致沒精打采），要麼就是使用過度（導致過勞）。

如果你提前做好了人生規畫，最大的風險就是面臨過勞。如果你完全不提前規畫，最大風險就是會停滯不前。但如果你有一個系統，能讓你適度規畫，並視情況靈活應對，就有極大機會能好好管理自己的能量，能持久快樂地產出。

懶人最棒的計畫工具

生產力系統是用來管理生活中非計畫方面的工具。下班後要做什麼？你必須決定空閒時間是要跟狗玩、學新語言、寫作，還是開啟副業。這些未安排的部分提供了生活中一些最令人滿足、實用和重要的機會。

要是你完美運用生產力，就會像一列火車。火車在運輸貨物時的燃料效率比高速公路上的卡車高好幾倍，這全歸功於鐵軌。鐵軌會自動引導火車頭朝正確的方向前進。能量只能推著火車往前走。同樣道理，在你完成必做的事情後，被動生產力系統就會像鐵軌一樣推動你前進，而不會讓能量浪費在錯誤的方向上。

如果你沒有一個能自動引導能量的系統（就像鐵軌之於火車），就會花太多精力在**決策和管理任務上**，而不是實際執行並享受成果。「微觀管理」是吃力不討好的工作，不如把精力花在完成任務上！沒有被動系統的話，還是可能有產出，只是會難上十倍。

不過，必須先澄清一點，沒有任何系統是百分之百被動的，因為最終還是你要主動決定要往哪個方向走。所謂的「被動」，比較像是程度上的問題，端看你的系統能多輕鬆地幫你決定方向並做出行動。以鐵軌為例，最佳的被動系統讓你能快速鋪好軌道，然後馬上發車！

系統越被動，你要開始行動所需要的能量就越少。

你可能會想，被動系統實際上是什麼？接下來，我會展示我為自己開發的最佳系統。這是經過多次實驗後的最新成果，我覺得很完善了，不確定還能不能改進。但在我們深入討論之前，先來看看一些受歡迎（但較低效）的系統。

常用的生產力系統包括待辦事項清單和行事曆。這些系統會受歡迎是因為它們相對簡便，不過這兩者的主要問題是：

一、**它們不是被動系統，不提供任何引導**。待辦事項清單和行事曆一開始都是空白的，你必須每天想出要做的事，然後把它記下。這項工作有時輕鬆，有時困難。不過其中一大盲點在於，你可能只會選擇最先想到的任務。某種程度這算是好事，畢竟多數情況下，快點行動總比過度思考更能帶來好的結果。但是，像是你的夢想之旅或整理衣櫃等不緊急的任務，也許會被你一直擺在記憶深處。如果你僅憑記憶和當前明顯的需求來做計畫，很可能會忽略非常重要的事（或永遠不會把它列為優先事項）。

二、**它們是僵化的系統**。如果你禮拜二扭到腳怎麼辦？你禮拜三的行程安排將會受到影響，原本預先安排好的週三待辦事項將因此一團混亂，你必須透過「扭傷腳踝」的新視角來重建這份清單。（如果是當天才列出待辦事項，就沒這個問題了。）

你可以用一些更複雜的系統，如大衛・艾倫的《搞定！》書中的系統。艾倫的系統是將生活切割成容易處理的小區塊，出色地展示了整體生活的全貌，幫你全面了解和管理生活的各個層面，解決了行事曆和待辦事項清單的第一個問題。但它也是極為**主動**的系統，必須每天維護。要是你一有疏忽，系統就會變得沒用。

可惜我本身很討厭維護系統，我希望有個不用我操心的被動系統來引導我。因此，我開發了一個零維護系統，不需維護或更新，也不浪費任何精力。這個系統更強大且全面，設置起來卻比每天列出待辦清單還要快！

我說的零維護系統，就是一面白板，搭配可在上面寫字的磁鐵。下圖正是我用的白板（請忽略字醜的部分）。

＊

我把生活分成五大類：財務、健康、事業、夢想、家庭生活，以及其他。每個大類底下還有小分類，這樣一眼就能快速找到特定活動。或我當天想專注在某個生活領域時，就

圖4：磁力生活管理系統

以看到該類別的所有選項。

一旦我選定要做的事，就把它往上移到白板頂端，也就是我當天的「進行中待辦事項」區。完成後，再將磁鐵移回下面原本的類別就好。

磁力生活管理系統

幫東西取名字很重要，比較方便跟別人討論和推廣。因此，審慎起見，我將這個白板系統取名為「磁力生活管理系統」（Magnetic Life Management System，可以簡稱為MLMS呢）。它比起其他系統有很多優勢，下列是我最喜歡的七大優點！

1. 我再也不需要重複列出例行事務，比如去健身房、寫作、處理網路訂單等。我只需把這項任務的磁鐵，移到白板的「進行中待辦事項」區就好。如果你每天都要寫待辦清單，那不就每年要重寫**幾百次**？這樣的系統可稱不上高效！而我只需要寫一次「洗衣」就好。
2. 雖然這個系統對重複的任務最實用，但一次性任務也完全沒有問題。如果我有一項臨時任務，我知道自己不會再做這件事，或可能很久以後才會再做（例如：佈置聖誕樹），我可以直接寫在白板上方，不需使用磁鐵，完成工作後再擦掉就好。

3. 不管是長期計畫和夢想，還是洗衣服、打掃這樣的日常雜務，這個系統都能搞定。這些任務都在同個系統，但由於分類清楚，你不會在思考夢想時想到髒襪子（除非你喜歡？）。當你準備好要思考怎麼實現自己的夢想時，所有的夢想都在那裡等著你！

4. 我還有更大的可擦寫磁鐵，專門用來記錄多步驟的專案。我可以在大磁鐵上寫下數項任務，讓我在安排待辦清單時更靈活。最近去希臘旅行前就用到了，由於需要事先處理和記住的事情很多，所以我用了一個大磁鐵，在大待辦清單中做了一個專門的希臘旅行待辦清單。這種「清單中的清單」在大多數軟體或生產力系統中都很難處理，但在這個系統裡卻直覺又方便。

5. 任務從頭到尾都保持分類狀態。數位生產力應用程式做得到這點，但對但用紙筆寫的待辦清單就很麻煩。在磁力生活管理系統中，任務是直接往上移動，所以即使在「進行中待辦事項」中，也永遠跟原本的類別保持垂直對齊。這超級有用的，特別是用久了之後。例如看到「運動」磁鐵放在哪，就能提醒自己今天還需要運動，而不需要特意去讀具體的活動內容。我用的磁鐵還用了顏色來編碼，增加另一層識別方式，有興趣的話，歡迎嘗試。

6. 改變主意只要換個磁鐵這麼簡單。例如：我原本也許計畫去附近球場打球，但後來改變心意想在家重訓。很簡單！就把球場的磁鐵換成重訓的磁鐵，沒有其他系統能比這個更快更方便切換任務了。

7. 隨著時間，這個系統會「收集」你生活中林林總總的片段，你也會更明確意識到自己生活的各種不同面向。它為你提供了全面的視野，讓你了解生活的方方面面。例如，你可能到了第三天，才意識到自己需要添加「購買日用品」的磁鐵，然後它就永久成為系統的一部分。久而久之，你也會越來越清楚自己的生活樣貌。

＊

8. 我不必每天憑空想出待辦事項，只要輕鬆地從一堆有價值的行動中選擇哪些來執行就好。

白板跟磁鐵的優缺點

這個系統最大的缺點是：不方便攜帶。它通常安裝在家中的牆上，如果你和我一樣都是居家辦公，或你的主要工作場所在家裡，這種方法就很適合。但如果你想隨身攜帶「清單」，可以用手機拍下白板的照片。

這個系統的另項缺點是需要設置和成本。為了獲得最佳效果，你需要相當大的磁性白板。我用的白板寬約四英尺，我用了附贈的壁虎螺絲，把白板固定在房間的牆上（目前這種白板在亞馬遜上約賣六十美元）。可書寫磁鐵也有點貴（四十個十七美元，我買了兩包）。不過我天天都在使用這個系統，所以一百多美元的初期投資相當值得。

＊

磁鐵上的字跡可能會因為你拿來拿去，而有部分被擦除或褪色（但仍能辨識）。如果你都小心地從邊緣拿磁鐵，那就不太會遇到這個問題。我常隨便亂丟磁鐵，但我還是很少需要重寫。不過如果你想隨意拿磁鐵又想避免重寫的話，可改成用水才能擦掉的水性記號筆。

至於我對手機生產力應用程式的看法？我不喜歡使用這類工具，因為手機太容易分心了。每當我嘗試使用生產力應用程式，最後都會放棄。實體生產力工具讓我們不再分心，是遠離數位世界的避風港！

這個系統絕對不會過時

我最喜歡這個系統的一點是，有別於多數系統，就算你一天、一週甚至數月不用，這個系統也不會過時。對我來說，這是必要條件。我用的系統必須能容許一定程度的疏漏。畢竟，就算是世上最棒的系統，我多多少少都會有忘記的時候。

手機的待辦應用程式每天都會用那些沒完成的事來煩你，幫你貼上「逾期」的標籤來嘲笑你，或要你將任務延後一天、重新安排或刪除。就算沒有煩人的通知，把任務留在待辦清單上好幾天也很讓人煩躁。這種微觀管理最糟的，把我們的時間和精力都浪費在瑣碎的小事。而且，如果你去度假，等你回來後，不管用哪種生產力應用程式很可能都已變得一團糟了。

如果我出門旅行，或有一、兩天跳過某些事不做或完全不理整個系統，我只需要將所有磁鐵移到白板下方，就可重置系統。我不需要重寫或重新安排所有事，只要花十秒重置就好。系統應該按照我希望的操作方式和時間來為我服務，而不是綁住我來配合系統。

被動系統減少了做決定的時間和精力，讓人更有掌控感。在磁力生活管理系統這樣有效的被動系統出現之前，我光是選擇要做什麼就很難了。而且它的彈性也很大，有時候我可能只挑三個主要任務，有時候則可能會挑超過十個想做或需要做的事。

我不是說你一定要用這個系統，只是想解釋它有什麼好處。每個人在選擇或設計自己的系統時，都應該根據個人需求，在功能的全面和使用的便利上取得平衡。我想有些人是享受管理複雜系統時的「忙碌感」，這也完全沒問題。到頭來，只要找到適合自己的方法就好。

如果說我學到了什麼，那就是，要有生產力就一定需要某種系統。系統夠好的話，就會幫你產生正向的動能。生產力低要麼是沒有系統，要麼是系統不適合你。這跟懶不懶沒關係。我雖然懶卻有效率，有些人一點都不懶但效率不高。這種差別的關鍵就在於系統！

也許你跟我一樣，任何需要微觀管理生活的系統都行不通。或者你不一樣，更複雜、主動的系統正是你需要的，讓你感覺掌控生活、一切有條有理。雖然我認為被動系統更優秀也更沒負擔，但無論如何，符合你個性和需求的系統就是最適合你的。

如果你常常不知道每天該做什麼，那就表示你還沒找到適合的生活管理系統。

一個好的生產力系統不只是管理生活的工具。我看著我的白板時會很**興奮**，因為它超級適合我的個性。所有選擇都攤在眼前，我可以立刻選擇最適合今天的任務。不需要繁瑣的程序，只要移動一塊磁鐵，任務就開始進行。這讓我充滿了掌控感！

我試過艾倫的「搞定五步驟」（而且還試了兩次），我真心喜愛其中某些面向。但每次實行時，為了維持和更新這個系統，到最後我總會因為每天的例行步驟而備感壓力。除此之外，設置這個系統還需要添購不少東西。

「搞定五步驟」系統本身就是個每天都要做的任務。雖然不是要花上好幾個小時，但就是每天要花那麼幾分鐘。但我這個人比較懶，所以連每天花十分鐘來管理一個生活管理系統，都不能接受。若你偏好全面的系統，幾乎涵蓋生活所有面向，而且不介意每天都要花時間維護的話，我推薦你閱讀《搞定！》。不過要是你喜歡簡單一點的系統，不妨試試磁力生活管理系統或每日待辦清單。

更多關於磁力生活管理系統的資訊，包含我白板所用的特定產品，請造訪：minihabits.com/momentum/

我在這一章中強調了「行動優先」的理念。請不要把這點與「努力」搞混。你不一定得更努力才能獲得更好的結果，原因如下。

※黃金法則：動能比努力更重要

行動就是前進的方向。所以，我們應該每天都要付出一一〇%的努力，每天「做出大量行動」，對嗎？對吧？！衝啊！！！！

不是這樣。

我要跟你分享一個人生的祕密。其實整本書都在為這一刻鋪路，如果這本書你只能記住一個重點，那麼下面這句話就很值得記住了。

動能比努力更重要。

你試試看攔住一台在山坡上失控的大卡車，**無論多努力嘗試**，最後結果都是被撞個稀巴爛。關鍵就是，動能比努力更重要。

*

有人每週工作九十小時只拿到最低工資，而百萬富翁則躺在沙灘椅上靠被動投資賺錢。百萬富翁不費吹灰之力就能賺更多錢。關鍵就是，動能比努力更重要。

試試看要在高爾夫球場上贏過老虎伍茲，或在籃球場上打敗雷霸龍．詹姆斯（LeBron James）。說到場上的努力程度，他們想必打得輕鬆，你卻得拼得要死要活。職業選手能輕鬆取勝，關鍵就是動能比努力更重要。

再看看那些想戒掉壞習慣卻失敗的人？答案依舊是，動能比努力更重要。

看看生活中的任何領域，你會發現動能總是勝過努力。然而，奇怪的是，大家通常都誇讚努力，並宣揚努力是個人發展和人生成功的關鍵。當然，做**任何事**都需要付出一點努力，但沒人告訴你的秘密是，努力的報酬會迅速遞減。

努力是要付出代價的，就是能量！因此，我們不需要「一一〇%的努力」，否則很快就會把能量耗光。大家總是推崇全力以赴、拼命努力，但這可不是在人生中創造最大收益的明智策略。原因如下：

我們只要一點點努力就能產生動能，但是拼命努力卻不一定能帶來相應的成功或動能。

我來分享一個我的尷尬故事吧。我向來缺乏自制力，尤其在睡眠這件事。除非我隔天一早有事必須起床，否則我很難強迫自己早起。我真的已經**非常努力了**。

對我來說，唯一真正有效的方法，就是調整生理時鐘。有時候吃褪黑激素會有效，但最有效的方法竟然是熬夜，越來越晚睡，直到我的生理時鐘轉了一圈，自然就會回到正常作息。

當我的睡眠時間終於調整好了之後，就可以很自然地早睡，並在早上四點起床。我會去健身房運動一、兩個小時，然後去咖啡館寫作幾小時。中午之前，我就已經度過了相當充實的上午！

我在調整睡眠時間的過程中，注意到了努力和結果之間的巨大落差。當我的生理時鐘設定在早上四點起床時，早起、去健身房和在咖啡館寫作，幾乎**不費任何力氣**，一切都令人感到愉快。想來奇怪，我一直以為早起得有所犧牲，必須集結一二〇五八名精銳戰士的意志力才做得到。然而，如果你**光靠蠻力硬撐**，還真的需要這麼多的努力。

*

當我作息混亂時，不管我多努力要早睡早起，最後都會失敗。我還記得有一次，就因為硬要「早睡」，結果在床上輾轉反側了**五小時**，完全睡不著。「更努力」通常不會是解答，很少能解決問題。

我說這些，不是要說努力沒有價值，或是努力不重要。我想重申一個道理：動能比努力更重要，而且在各種情況下都是這樣。

你可以把「努力」想成風中的飛盤：**順著動能**的努力，比起**逆著動能**的努力強大五十倍。如果風夠大，逆風的飛盤甚至可能會向後飛。我親眼看過！在這個情況下，重點在於擲飛盤的力量（努力）還是風（動能）？當然是風！

※**黃金法則**：別再想著要更努力，許多人都已經用力過度，適得其反。與其追求更努力，不如追求更大的動能。（這本書後半部主要關於產生動能的具體技巧。）

換個角度想還有個好處，比起責備自己不夠努力，追求動能（明顯）要開心多了。你可能已經很努力了，甚至快要燃燒殆盡。更糟的是，如果你的努力沒有產生真正的動能，結果就是又累又沒成效（很不幸地，這種情況在那些只講求努力的人身上尤其常見）。前面也提到過，最常見的目標設定方式往往會讓你精疲力竭，甚至自毀。別再怪自己，該怪的是策略。

許多時候，產生動能幾乎毫不費力。我知道這聽來美好得令人難以相信，但千真萬確。我已經證明了這一點，成千上萬讀過我書的人也有相同體會。

我堅持每天寫五十字，至今出了四本書。五十字就是一小段，可說是再簡單不過的寫作任務了。寫一本好書得**費盡千辛萬苦**，所以我更依賴動能（每天寫五十字以上），而不是努力。

別誤會，我確實很努力地完成了每本書！但若你學會如何**順風使力**，結果將大大不同。別忘了，努力跟結果很少是一比一的對應關係。試著將一塊巨石推上山，相較於試著推倒山頂搖搖欲墜的巨石，哪個更有機會成功？相同的物理概念在我們的生活中也成立。

我寫作已經十五年了，深知自己創作的優缺點，也不斷精進自己的寫作技巧，並看到寫作如何為我和他人帶來好處。我可以不看鍵盤快速打字，雖然不見得總是如此，但你知道光是這點，就能讓寫作過程容易許多嗎？我在寫作上累積了很大的長期動能，再結合產生短期動能技巧，每天堅持寫五十字時，就算我天生懶惰，也能寫出好幾本實用的書。

若我單靠努力，可能根本連一本都寫不出來。我看到其他人身上也有相同情況。當我告訴別人我是作家時，許多（甚至是多數？）人都表示，他們「有一天」也想寫書。我當然很開心！

寫書是相當值得追求的志向，而且能帶來極大的成就感。但寫一本書相當耗費精神，我們所受的教育或訓練，常讓人專注於過程的困難，忽略了動能如何有助於改變這種情況。因此，即便調查顯示大多數人都想寫書，但其實大家多半永遠不會實現願望！

※黃金法則：有動能，努力的感覺更棒了

你覺得經驗豐富的舉重選手跟初學者比，舉重的感覺會一樣？那你可得再想想！首先，讓我們假設他們根據自己的力氣，追求相同程度的體能挑戰：舉起自己最大負重能力的八成重量。

你認為誰會表現更好？誰會訓練更久？誰的經驗會更好？這些問題是不是有點荒

謬？他們舉起的重量可是相對於他們的力氣的！但直覺仍然告訴我們，新手會更吃力。為什麼呢？因為在相同程度的體能挑戰背後，其實藏著不對等的心理挑戰。

他們在生理上感受到了相同的阻力……

1. 舉重選手會感到熟悉的**滿足感**、**愉悅和進步**。
2. 初學者會對這種陌生的感覺**煩躁**、甚至**抗拒**。

我是業餘的舉重愛好者，每週訓練三天。我不是很強，但這幾年經常舉重，我對舉重的感受也有所轉變。下面是我十年來的舉重感受變化：

排斥抗拒↓厭煩↓勉強能接受↓有點滿足↓有趣的挑戰↓開心到忍不住吼出聲

舉重依然是相當挑戰體能的運動，但現在的我面對舉重，心態和情感上早已完全不同。[2]

動能真正的脈絡

舉重選手的肌肉記憶、大腦和日常訓練都積累了動能。他們對過程的各個步驟都**很熟悉**，且建立了正向的連結，甚至知道自己在訓練後會感覺多棒。

對新手來說，舉重前後的差異很讓人驚訝。由於感覺不熟悉，加上身心都需要極大努力，他們的內心會抗拒舉重。我還記得自己是初學者時，腦中會不斷重複：「停下來，放下重量，這好辛苦，感覺好爛，不如去吃花生醬吧。」現在，只剩下花生醬的部分還在。

經驗豐富的舉重選手（確實）舉得更久、能挑戰更高的重量，而且整體而言，他們也比初學者付出更多努力。不是因為他們的身體更強壯，而是他們的心理素質。身體不是限制體能的主要因素，要是這樣就太危險了吧。我們可不會看到自己手臂脫落之後才發現自己運動過頭了。

多數情況下，大腦會在運動到有危險之前，先警告身體要停止。因此，初學者**不僅**面臨重量的阻力，**還有**大腦的全力抵抗。而有經驗的舉重者適應了重量訓練所需的體能付出，因此能從中獲得滿足感，甚至還渴望更多挑戰。

談到努力，我們應該放在動能的背景下來思考。巨石強森（Dwayne Johnson）在健身房裡幾乎比任何人都更拼。如果單純以體力消耗或熱量燃燒來衡量，他的確比其他人付出了更多努力。但這種努力不一樣，對吧？他的努力有正向動能的助力，背後有累積數十年的訓練、知識，以及頂級設備和營養的支持。對他來說，運動兩小時比許多人運動二十分鐘還輕鬆[3]。

問問自己：我的努力會放大還是消失？

想像有兩個人，鮑伯和史丹申請了同一份工作。他們擁有相同的資歷和經驗，並且在面試中付出相同努力。為了排除其他偏見，就假設他們是同卵雙胞胎吧。

鮑伯狀態積極，處於正向的動能之中，他整天都自信滿滿。反觀史丹，他心態消極，成天在床上悶悶不樂、憂心忡忡。相較之下，鮑伯在面試時自然會散發出更多自信，而面試官肯定會注意到這一點。

兩名求職者資格相同的情況下，「鮑伯會獲得這份工作」，這可不只是因為他名字跟工作有押韻的關係。現實世界的競爭是殘酷的，贏家往往是那些更自信的人。擁有短期和長期正向動能的人，人生往往看似「更幸運」——若你要用「運氣」來解釋的話。

*

面試結束後，我們將看到兩人的動能進一步累積。**因自信**而獲得工作的鮑伯現在有了更自信的理由。**因為缺乏自信**而錯失工作機會的史丹，則變得**更沒自信**。原本條件相同的兩人，卻像兩顆朝相反方向滾離的雪球，差距越來越大。

多數人會根據誰得到了工作來解讀他們的情況。有人會說鮑伯很幸運，他得到了這份工作。而史丹沒拿到工作，就是運氣差。但有沒有獲得工作並不是兩人的主要差別，不是嗎？還記得風中的飛盤嗎？最終決定誰獲得工作的，是他們之前的動能狀態，而這股動能也將持續影響他們生活中的許多其他事情，直到動能改變為止。

下次當你的生活中發生壞事時，想想這個例子。有沒有可能是因為你的心態？因為你今天讓負面情緒隨時間累積？如果你回答是，那也沒有什麼問題。**每個人**都有因為負向動能而錯失機會或遭遇困難的時候，畢竟我們都不完美。這沒關係，但我們要能意識到負向動能的影響，然後盡可能降低它。

壞事經常發生在好人身上，我知道不見得都是他們的錯。但有時，甚至是很多時候，這些不幸的事件是源於動能的影響。這是好事，因為我們可以立刻改變自己的動能。即使某些問題錯不在你，你仍需要扭轉負向動能，來改變自己的處境。承擔責任不是要為過去的錯誤接受指責，而是要掌握自己的未來。

最重要的是關注動能，甚至比努力更重要，這樣你會看到更好的結果。開始一項任務或工作之前，進行一些簡單的小動作來「激發」動能。別強迫自己去做一些不喜歡的事，這樣的方式往往會讓人感到挫敗和懊惱，無法真正進步。例如：

- 假如你想要過個充實的一天，可以先從整理床鋪或打掃房間開始，輕鬆取得初步的成功。接著找個簡單方便的任務系統來幫你安排一天，這會幫你產生正向動能！簡單的待辦事項清單就可以勝任，也因此它這麼有名。我用的則是前面提到的磁力生活管理系統，讓自己充滿動能地開啟一天。

- 如果你想找到工作，請將注意力放在自我價值和自信心上，就像你關注自己的履歷一樣，尤其是在面試當天（短期動能）。可以做些權力姿勢，短短兩分鐘就能讓你的身體充滿自信能量。[4]
- 假如想要徹底改變生活，可以使用像迷你習慣等系統，透過簡單日常的小習慣來累積短期和長期動能。無論使用哪個系統，都應該要累積動能（簡單的小行動和可累加的勝利），而不是減弱動能（容易讓人想偷懶幾天的「大」目標）。
- 如果你想學鋼琴，請讓學琴的過程感覺自在、有吸引力且容易上手。不要強迫自己練到手指流血。允許自己一開始表現不太好、不熟練，不要自我批判。輕鬆做（進步）就行了！
- 如果你想減肥，千萬別急著用速效減肥法（或任何其他節食方式）。這類方法經常很辛苦，結果卻不理想。不如讓自己不帶批判地採用漸進式的方法，改變你與食物的關係，永遠不要因為看電視或吃甜點而有罪惡感。尋求可以累積的小勝利，然後積沙成塔，一步步轉化為更大的成功。

接下來我們將進入實作階段了。到目前為止，我們討論了動能的各種方面，還有動能如何影響我們的生活。現在，是時候把這些知識變成實際行動了。

有些大道理很動聽，卻對生活沒有幫助，只會讓人失望。所以接下來幾章，我們將談到許多具體的範例和技巧，幫你在生活中產生和維持正向動能，同時也會介紹一些通用和特定方法來扭轉負向動能。讓我們開始吧！

第二部

掌握動能

操縱人生，但別想控制人生

「操縱」（manipulation）這個詞常給人負面的印象，這是因為它在人際關係中經常被不當使用。沒有人想要和一個愛操縱別人的人相處。然而，此種操縱只是《韋氏字典》中提供的**第三個定義**。[1]字典的前兩個定義為：

1. （彷彿）用手或機械方式（熟練地）處理或操作
2. 嫻熟地管理或使用

操縱通常是好事！這是我們創造有用的事物、發揮技能和影響結果的方式，而操縱動能的能力對你的成功非常重要。

至於「控制」，則表示對某件事擁有**完全的權力**。所以，操縱可說是控制事物的特定面向。就像我們都有過的經驗，人生中不可能事事都能掌控。這沒關係——或是說白了，現實就是如此，有關係也得沒關係。我們控制不了一切，但我們可以操縱重要的領域，影響我們的生命軌跡。

思考動能時，必須從操縱而非控制的角度來考量。我們可以廣義地「控制」動能，也就是透過選擇生活方式，來確保生活中自然而然地產生正向動能。但是，我們難以預測特定行為何時會產生多少動能。我們只知道，前進總會產生一定的動能。

當事情不如意，或你的正向動能沒有想像中強時，要記住這點：你的工作不是產生精確的動能，而是盡可能創造正向動能。如果你能持續創造正向動能，自然會看見成果。

試圖全面掌控生活的人在遇到挫折時，更容易崩潰或陷入低谷。這樣的人難以應對生活中的一連串不完美。如果他們同時又讀了許多自我成長書，會更難以接受生活的挫敗，因為這類書會告訴你有「正確」的思維、行為和生活方式。一個人太在意「完美」的處理方式，反而會對失敗特別敏感。一直擔心失敗，不僅會陷入沮喪，長期處於這種狀態下，會變得對什麼都提不起勁，對自己也沒信心，導致長期的失敗。

在討論如何掌握動能之前，先把這一點說清楚：不是所有的日子都會讓人**感覺**成功，也不是每一次的小進步都會產生強大的動能。然而，**許多累積的**小進步確實會帶來動能，而長期的動能將帶來更穩定、可靠的成就，這就是為何動能的關鍵在於持之以恆。

*

人生會給你重擊，你不可能每次都抵擋得住，那你會怎麼應對呢？聽聽洛基在二〇〇六年的電影《洛基：勇者無懼》（*Rocky Balboa*）中對他兒子說的話：

「事不如意時，你會開始怪東怪西，像是難以跨越的陰影之類。我告訴你一個你已經知道的道理：這世界不總是充滿陽光或彩虹，這世界殘酷、醜惡，不論你多堅強，只要給它機會，它就會把你打趴，一定讓你爬不起來。不管是你、我或其他人，沒人出手會狠過「人生」的打擊。但重點不在於你出拳有多重，而是你能承受多大的打擊，然後繼續前進。你能承受打擊並持續前進——這就是獲勝的方式！」

掌握動能不代表隨時都要堅不可摧，或避開所有挫折，而是要像洛基說的，保持堅韌和不屈服的心態。這表示你要能承受打擊。這表示即使被打倒，也要迅速回過神來，重振旗鼓。這表示你不輕易灰心喪志。這表示你在任何情況下都能敦促自己前進。

我能理解有人讀了《內在動能》後，期待每天都充滿力量和成功。但這樣想既不實際，也不是本書重點。事實上，「低潮」才是這本書最有用的時候。下次當你感到挫敗，別忘了動能的魔力，要自信去運用它，也要知道自己將會找到出路突破難關。動能就是走出困境的方法。

每個人都會面臨不愉快的情況和負向動能，而我們會先討論這點。你已經有動能的時候最容易產生動能，但如果你現在有的是錯誤的動能，那怎麼辦？

6 扭轉負向動能

我以前很愛喝汽水，但後來戒了。我沒有掙扎，也沒有重染舊習。此後二十多年來，我每年大概只會喝一、兩罐汽水（甚至更少）。我愛汽水，但這不是我生命中不可或缺的一部分。我得知汽水含有傷身的成分，像是高果糖玉米糖漿和苯甲酸鈉，就對汽水徹底改觀，就像健身大師傑克·拉蘭內（Jack LaLanne）一樣。

拉蘭內活到九十六歲。據說他肺炎去世的前一天，還健身了兩小時。天哪，九十六歲！還得了肺炎！他年輕時並沒有這麼熱愛健身，甚至從來不運動。但有一天，他參加了一場健康生活座談會，學到的知識讓他頓悟。從那一刻起，他成了一名健身狂人，也是美國健身運動的奠基者之一。

我戒汽水和拉蘭內栽進健身的例子，並不算常見。舉例來說，很多人都知道汽水有害健康或運動有益健康，但還是很難少喝汽水或多運動。

頓悟不是改變的策略，只能稱得上運氣不錯，有些人能夠體驗到，而多數人則無法。我很幸運能戒掉汽水，但在生活其他層面卻無法靠頓悟來改變，而是需要不同的方法，之後我會再詳述。進入正題前，我想先告訴你逆轉短期動能的簡單方法。

逆轉短期動能

逆轉（負向）短期動能的方法和開車一樣簡單。要是你走錯了路，就轉個彎，**朝新方向創造正向動能，就這麼簡單！**

這個解決方案對短期動能來說已經夠全面了，至於改變方向的具體辦法，我將在下一章說明。一旦你邁入新方向，就解決了所有短期動能的問題。因此，本章後續將處理長期的負面動能，也就是我們經常且習慣性被誘惑去做出負面行為。

大腦圖譜：改變習慣超強工具

停止抽菸、停止喝酒、停止咬指甲——這些說法聽起來彷彿你可以說戒就戒，但真的可以嗎？

當你從生活中移除某項東西，會需要用其他事物來填補空缺。

更確切地說，行為的空缺包括：

時間：當你停止做某件事時，就必須做其他事來度過這段時間！

情感：當你移除滿足情感需求的特定事物時（即便它整體而言是負面的惡習），你仍須找到新方法來滿足原本的情感需求！以吸菸為例，雖然有點反直覺，但跑步某種程度上其實可以代替吸菸，因為跑步能提供「跑者的愉悅感」，類似吸菸的感覺。另外，吸菸者常藉吸菸來放鬆，而跑步也有助於放鬆。

大腦圖譜：如果你有一個想要擺脫的壞習慣，你的大腦只有一部分這麼想，另一部分則認為這個習慣對生活重要且不可或缺。若你不尊重這一點，就會無法改變。但「大腦圖譜」這個詞到底是什麼意思呢？

神經科學家喜愛在派對上談論大腦圖譜。大腦圖譜基本上是大腦對當前生活的理解。每個人都有關於自己五感、習慣、好惡之類的大腦圖譜，這些對生活的理解構成了引導個人行為的基礎。例如，我的大腦圖譜將汽水與美味、不健康、不必要和不值得等觀念連在一起，由於弊大於利，所以我很少喝汽水。其他人的汽水大腦圖譜可能會不一樣，他可能將汽水與下列想法連結：有點不健康、美味、快樂的享受、日常生活的重要部分。我們的大腦圖譜對汽水的優缺點有著相同的理解，但兩人與汽水的關係和預期行為卻差很多。

我們生活中的負面部分（壞習慣），其實都有對應的大腦地圖，只是這些地圖可能給了我們一些錯誤的指示。想像一下，每個行為的大腦圖譜都佔據了你腦中的一塊地盤，**它們不會憑空消失！**想反轉錯誤的大腦圖譜，最佳方法是重新定義它。這意味著，你需要針對壞習慣的誘發要素、渴望和情感需求，制定替代活動。稍後我將提出具體的例子。

要改掉一個壞習慣，你得從大腦圖譜的角度來思考，讓大腦對那區塊有不同的理解。我說的「那區塊的理解」，指的並不是有意識的理解。誰在喝汽水時還特地想「這是我日常生活的重要環節」？應該沒人會這樣吧？但這也許就是他們的大腦圖譜傳達的訊息。

現在，你知道為什麼「直接戒掉某個習慣」的計畫這麼容易失敗了嗎？如果不改變大腦圖譜，只是一味地「不做某事」，結果只會讓大腦覺得失去了它熟悉且覺得需要的東西。

改變習慣，不如先找個替代方案

我也有一些壞習慣，這些壞習慣的嚴重程度不太一樣，有些甚至可能到了成癮的地步。不過我發現，每次我找到能帶來類似獎勵的替代行為時，就能逐漸改掉壞習慣，而多做替代行為。有趣的是，我也發現轉向替代行為之後，自己對**兩種**行為的欲望常常會一起消退！這與大腦圖譜的運作方式有關。

我曾有幸（或不幸）需要逆轉某些領域的負向動能。我將在這一章坦誠分享我的掙扎，因為我覺得真實生活的例子對你會最有幫助。接下來，我們將會談到酒精、賭博、焦慮和健康與健身方面的議題。

扭轉負向動能：酒精

疫情期間，我開始喝得有點太多了。最開始我做的跟大家一樣，告訴自己「我要少喝一點」，但沒什麼效。

我還是一直告訴自己一天「只喝一、兩罐，而且不要天天喝」。結果，我還是每天喝三罐以上的啤酒。我有意識的願望跟我潛意識對酒精的理解（即大腦圖譜）根本不一樣。看看圖5的大腦圖譜，其中的聯想不是有意

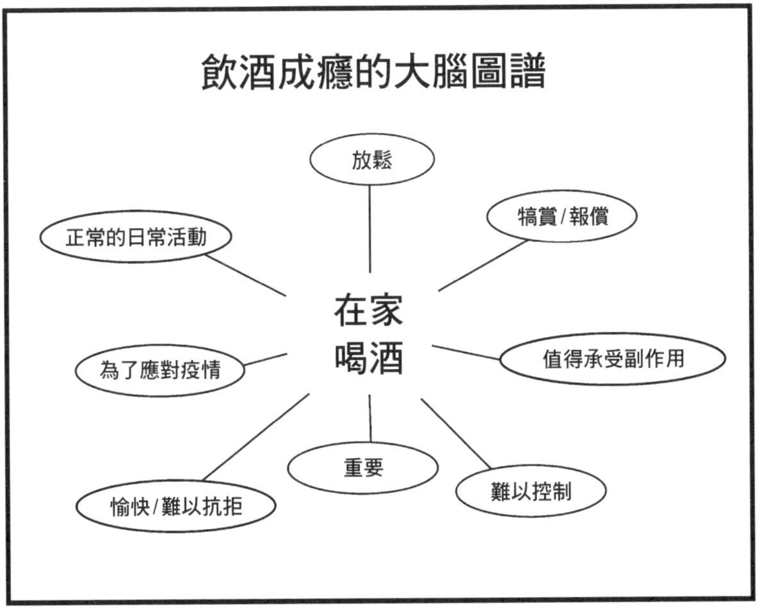

圖5：喝酒成癮的大腦圖譜

識的想法，而是基於以前的行為和經驗所產生的潛意識聯想。

我不小心把大腦訓練出一幅危險且不健康的大腦圖譜。我每天心想著「今天什麼時候要開喝」的時候，正是這幅大腦圖譜讓我覺得這個問題理所當然。而且我都不只喝一罐，通常是三到六罐，等於每週喝了二十五到三十五罐，遠超過美國國家酒精濫用與酗酒研究院（National Institute on Alcohol Abuse and Alcoholism）建議，成年男性每週十四罐酒的上限。

而當我不再買真的啤酒，改買無酒精啤酒時，情況就不一樣了。我推測，除了酒精帶給我的感覺之外，我大多只是想「犒賞一下自己」。其實「喝一杯」的行為本身才是主要獎勵，酒精帶來的愉悅效果只是其次。

我改喝無酒精啤酒的一開始，每晚會喝一到三罐無酒精啤酒。我喝得比之前少，因為無酒精啤酒不像酒精，不會引發追求快感的反應。這個替代品奏效了！如今，我在家裡不喝酒，連無酒精的啤酒都不喝了（我等一下會解釋為什麼我不需要替代品了）。

改變大腦圖譜：計畫成功的秘密

問題行為或是成癮，通常發生在能帶來「**異常強烈的大腦獎勵**」**的體驗或物質上**。你很少聽說有人對小黃瓜上癮吧。雖然小黃瓜好吃，但吃小黃瓜帶來的腦部獎勵只是中等，不會特別強烈。但當你體驗到狂喜感時，卻要特別注意。當你反覆去做，大腦不僅會愛上這個行為，還會強調**這個區域對生活很重要**。你的大腦會說：「哇，這太棒了，我們來看看能不能再多點這樣的東西。」所以，當你想戒除一個成癮或壞習慣時，目標是要扭轉大腦對那領域的看法。

對有飲酒問題的人來說，解決方法不是要「減少喝的量」，而是要改變大腦對飲酒的認知。

雖然有些人單純想著要少喝一點，就能真的不喝，但這只適用於還沒讓酒精在大腦佔據重要地位的人。也就是說，酒精成癮的情況不一樣，一切都取決於個人當下的大腦圖譜。還記得我說我輕鬆戒掉汽水嗎？有些人確實可以輕鬆戒酒，但對其他像我這樣的人來說，需要**先改變大腦圖譜才行**。

重新設定「享樂」的大腦圖譜

酒精會帶給人狂喜感，是因為它讓大腦的獎勵迴路充滿多巴胺。而我的替代方案是無酒精啤酒，味道和真啤酒一模一樣，還滿足了我想「犒賞自己」的需求。它看來像啤酒，喝起來像啤酒，也有那種「小確幸」的感覺。唯一的不同在於，喝下去的**大腦獎勵強度比較低**。

＊

喝了三個月假啤酒之後，我

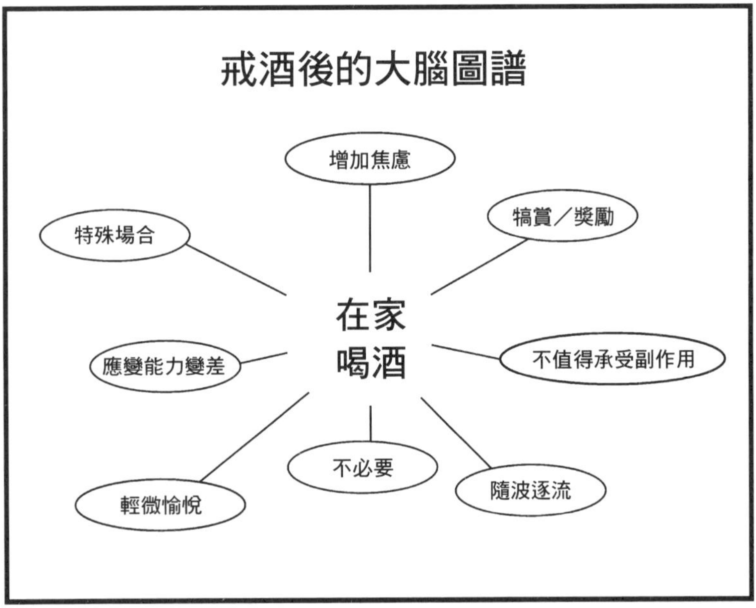

圖6：戒酒後的大腦圖譜

的「在家喝酒」大腦圖譜已經大大改變了。

你應該會發現，圖6的圖譜與上一張相比有很大的變化。事實上，唯一不變的就是「犒賞／獎勵」。然而，我實際行為的唯一改變，只是從狂喜的獎勵（酒精濃度六%）換成有節制的獎勵（酒精濃度〇．五%）。要完全理解這種變化是如何發生的，可以想想意識與潛意識的關係。還記得我之前提過，潛意識的喜好會像遊說者一樣嗎？這是很好的思考角度。

*

我轉換到**不會帶給我狂喜**的無酒精啤酒後，潛意識大概就開除了那些總是勸我喝酒的「啤酒遊說者」。因此，我的轉變不僅僅發生在潛意識，有意識看待酒精的方式也大大改變。我除了發現自己身體感覺更健康、心情改善之外，潛意識也不再一直遊說自己：「喝一杯吧，記得那感覺多好嗎？」我只記得那些脫水、錯過運動、感覺很壞和腦袋不清楚等的記憶。少了狂喜感的強烈光芒，我開始能看見那些喝酒不太美好的聯想。

我不認為自己特別能抗拒誘惑。我能**輕易抵抗**中等程度的，而抵擋狂喜就困難得多。由於這種改變只適用「在家喝酒」，我在外面的時候還是會繼續喝，而且大約每週都會在賭場喝醉一次。有趣的是，在外喝酒並沒有讓我在家時也想喝。不過之後發生了意想不到的事。

我戒掉在家喝酒六個月後，我也不在外喝酒了。從神經學角度來看，我認為是我的新「在家喝酒」大腦圖譜取代了「在外喝酒」的大腦圖譜。其實不無道理，我在家喝酒的行為和聯想發生變化後，也影響了我在外喝酒的習慣。現在我只在少數特別場合才喝酒。我不是刻意這樣，甚至也沒有嘗試要少喝，我想喝酒的欲望自然而然就減少了。

我偏好使用「大腦圖譜」這個說法是因為，這讓我們能更細緻地理解行為和大腦。例如，我在家喝酒和出門喝酒有不同的大腦圖譜，後來兩張圖竟合併成一張，這過程非常獨特。大腦圖譜的彈性完全符合我們所知道的大腦特性。

正如諾曼・多吉（Norman Doidge）在其精采著作《改變是大腦的天性》（*The Brain That Changes Itself*）中所言：

「起初，許多科學家不敢在著作中使用『神經可塑性』一詞，同僚也嘲笑他們推崇的是某種異想天開的觀念。然而，他們堅持不懈，慢慢推翻了大腦不變的理論。他們證明了，孩童的智能並非生來固定不變。受損的大腦通常可以自我重組，一部分失靈時，另一部分可以代替。即便腦細胞死亡，有時也可以被替換。許多我們認為是不可改變的『迴路』或基本反射，都不是固定不變的。有位科學家甚至證明，思考、學習和行動可以開啟或關閉我們的基因，進而形塑大腦結構和行為——這無疑是二十世紀最不同凡響的發現之一。」

*

大腦圖譜的重繪過程

1. 帶有強烈獎勵的行為會創造出不平衡的大腦圖譜，產生具有潛在破壞性的劇烈渴望。

2. 導入一個與原本行為相似、但獎勵感比較弱的替代行為。

3. 隨著時間過去，大腦會將這種行為重新視為獎勵較弱，使渴望恢復至正常水準（或更低）。

這種方法用了完全不同的思維來看待壞習慣。我們不再單靠迴避特定行為來削弱神經路徑，而是主動將大腦圖譜重新分類成「**非狂喜體驗行為**」。其實，已經有人利用戒酒發泡錠將上面過程推進了兩步，並證明其成效。

服用戒酒錠時，喝酒就會讓你覺得很不舒服。這種藥已問世七十多年。吃這種藥後，對患者來說酒精會從讓人無法自拔，變成非常不舒服而寧願不喝。

這類藥物雖然值得推廣，但它也不完美。例如，有些人會將不適感與藥物本身連結，而不是酒精，就會停止服藥。不過，戒酒錠仍然幫了不少人。

另一種藥物納曲酮，效果則是介於假啤酒和戒酒錠之間。納曲酮可以消除酒精帶來的愉悅感，幫助大腦重新分類喝酒這個行為。

- **無酒精啤酒（酒精濃度〇・五％）**：喝了產生的獎勵較小
- **納曲酮或〇％酒精啤酒**：喝了不會產生任何獎勵
- **戒酒發泡錠**：喝了會疼痛或不適（與獎勵相反）

「減少喝酒」無法改變大腦圖譜，你的潛意識依然充分意識到酒精帶來的獎勵，少喝只是剝奪了這種獎勵。在酗酒的大腦圖譜還沒有養成前，少喝也許可行（這些人的喝酒體驗或許不像酗酒的人那樣狂喜）。但若是真正受制於酗酒問題的人，可以考慮以上選擇之一來幫助改變大腦圖譜。

我覺合適的方法取決於問題的嚴重程度。如果像我一樣，發現自己喜歡特定事物有點過了頭，但還不到需要治療的程度，無酒精啤酒可能是不錯的解決方案，它可以提供類似的體驗，但帶來的獎勵感比較普通。

如果你嗜酒如命，酒精濃度〇・五％的無酒精啤酒提供的那點獎勵，也許會讓你更想喝真正的啤酒。事實上，我告訴某人我的經驗時，他就直接說：「對我沒用，我是個酒鬼。」這種情況下，我想戒酒錠或納曲酮也許是更合適的選擇。（請注意：所有嚴重的成癮問題，都應諮詢專業醫師，這裡的意見不是醫療建議。）

替代品竟然消除了欲望

在我戒酒的整個過程中，最令人困惑的是，我對無酒精啤酒的渴望**也消失**了。冰箱裡的無酒精啤酒已經放了好幾個月，我連喝都沒喝。但起初我因為想喝啤酒，每天會喝一到三罐無酒精啤酒。

隨著我「在家喝酒」的大腦圖譜從狂喜變為輕微獎勵，我對無酒精啤酒似乎也興趣缺缺。無酒精啤酒就像冰箱裡其他東西一樣。我冰箱裡有醃黃瓜，但有時我好幾個月都不會吃它，因為我不需要醃黃瓜，誰需要醃黃瓜？

現在，我只有心血來潮突然想吃醃黃瓜時才會吃一點。只在有「想喝啤酒犒賞自己」的心情，才會在看電影時開一、兩罐無酒精啤酒來喝。

＊

身為習慣養成暢銷書作家，我過去十年的最大恐懼，就是怕自己會掉進無法擺脫的成癮深淵。我總覺得自己有成癮性人格，比大多數人更容易上癮。

也許因為我太疑神疑鬼，而且對大腦研究有執著，才勉強不讓自己掉進嚴重成癮的陷阱。但如果我當時一直堅持「少喝一點就好」的沒用策略，還真不知道現在會變成什麼樣子。想到有很多人也被困在這種情況中，甚至放棄了自我改變的機會，而不知道還有其他方式可以對付壞習慣，我還是會很難過。

我們明知納曲酮的作用，或啤酒其實是「假的」，只有〇．五％的酒精，但它們依然能改變我們大腦對酒精的分類，是不是很有趣？這一切都是潛意識在運作！

不喝酒，更快樂

不喝酒後，我變得更快樂了。說來奇怪，因為這與我過去對酒精的理解完全相反。我戒酒之前，從來不知道為什麼酒精被稱為中樞神經抑制劑。直到我不喝酒後才體會到，我變得更能專注在自己重視的健康和健身計畫。

＊

大家常認為改掉壞習慣是一種犧牲和痛苦的事，但我並不這麼覺得。我每改掉一個壞習慣，生活都有改善，**而且**對壞習慣的渴望也減少了。

記得剛拿到無酒精啤酒時，冰箱裡還剩下一罐真的啤酒，但因為（在我看來）一旁有更好的替代選項，就放了一個多月，我最後在某個特殊場合才喝掉它。到現在，我甚至覺得喝假啤酒不如喝水。

如果你能完全理解這些道理，就會明白為什麼硬靠意志力來強行剔除問題行為，通常是一種無效的改變方式。當你試圖「減少」某些潛意識深深熱愛的東西時，除非你是超人，否則肯定會慘敗，因為這不是一場明智的戰鬥。

扭轉負向動能：賭博

我小時候和家人一起搭遊輪，慶祝爺爺八十大壽。我在船上到處探險，最後發現有賭場。看到那裡有那麼多遊戲、閃亮的燈光還有熱鬧的聲音，我心想，這一定是給小朋友玩的吧？結果他們把我趕出去，（我猜）也許是因為我鬍子都還沒長齊。但我還是一直偷溜回去，因為賭場看起來實在是船上最有趣、最吸引小朋友的地方。

＊

玩家贏了的話，吃角子老虎機會將二十五美分硬幣吐到機器下方的托盤裡。那時我會看著別人玩，如果發找到有人留下的硬幣，就自己玩幾把！然後，勝利的一刻終於到來──我投了一枚硬幣給吃角子老虎機，拉下拉桿，竟然贏了四十美元。我立刻把這筆「巨款」掃進桶子裡，飛奔回房間。爬上上鋪後，我不斷數著這些硬幣，感覺自己超有錢！

二十年後，我在賭博中輸掉的遠遠超過四十美元。想來真糟，不知道是那次初體驗為我種下了賭博的種子，還是後來的某次經驗讓我對賭博有了興趣。聽說大多數賭徒都很「不幸」，第一次賭就贏錢。而真正幸運的人通常第一次玩就輸錢，然後心想「真是浪費時間和金錢」，然後就再也不賭了。

賭博代價高昂又令人喪志，因為長期來看，莊家永遠是贏家。我也知道就算從短期來看，莊家仍然贏面較大。賭博唯一合理的理由，就是作為短期娛樂，但這樣想還是不太對，畢竟明明有很多更省錢的娛樂。

老實說（我盡量坦承）過去幾年，賭博的誘惑還一直困擾著我，帶來了一些負面影響。雖然我一直有在克制，沒讓賭博毀掉生活，但要是少賭一點，我絕對會過得更好。

＊

賭博讓大腦變得比較不敏感，類似藥物和酒精的效果。賭博的體驗會讓大腦的獎勵系統**感到愉悅**，吃角子老虎機正是這樣設計的。長期下來，賭博可能會讓其他活動變得無趣，甚至讓人做出更冒險的下注行為。

賠掉人生的刺激遊戲

某天我突然發現自己會熱衷賭博，其實是因為我愛**遊戲**和**競爭**。我喜歡各式各樣的遊戲，而賭博說白了就是玩遊戲賭錢（而且還是被動過手腳的）。對我這樣熱愛遊戲的人來說，金錢賭注、聲光效果和時贏時輸的刺激感，無一不讓賭博成為超誘人的遊戲體驗。

吃角子老虎機依靠亂數產生器來運作。當你拉下拉桿的那一刻，機器會隨機產生一組數字，決定你的獎金（若有的話）。所有的燈光、影像和音效都只是一場華麗的「表演」，其實你每轉一次的獎金都取決於簡單的計算。同時，固定的賠率確保了賭場長期下來能從玩家身上賺錢。

我發現了一款叫《爐石戰記》（*Hearthstone*）的數位卡牌遊戲，我很喜歡玩這款遊戲，同時也發現它和賭博有共通點。《爐石戰記》內建了隨機卡牌生成和其他隨機元素。而且，這款遊戲就像吃角子老虎機一樣，不是只有簡單的數字運算，還為玩家帶來了精采的表演。例如，你的手下「炸炸機器人」死掉時會丟出一顆炸彈，並**隨機**炸傷一名敵方手下造成四點傷害。這些元素讓遊戲在視覺上更炫目，也對遊戲結果有重大影響。你無法確定炸彈會擊中敵方的重要手下，還是浪費在不重要的手下身上。正是這種未知，讓隨機生成元素變得刺激，這就是獎勵的變異性。

不固定的獎勵更誘人

如果你每次在吃角子老虎機投一美元，它都固定吐回九十美分（常見的吃角子老虎機回饋率），那一定沒人會玩。你會覺得這個遊戲不但無聊，**還會**賠錢！但是，當獎勵從零到五十美分、一美元，再到數百或數千元不等時，這個遊戲突然變得令人難以抗拒，每年還為全球各地的賭場賺進**數十億美元**。

獎勵的變異性，會讓你產生在賭場遊戲中能贏的錯覺。從非常短期看來，的確有可能。但玩的時間越長，贏錢的機率就越小。從數學上來看，玩得越多，就越一定會輸錢。

被獎勵的變異性吸引是人類的天性，但有些人比其他人更易受影響，就像我。我可以肯定地說，這正是我熱愛遊戲的主因之一（多數遊戲都結合了技巧、亂數生成、運氣和獎勵的變異性等元素）。

我玩《爐石戰記》投入的程度幾乎與賭場遊戲一樣，但不會讓我賠錢，於是我去賭場的次數就減少了。

儘管獎勵較小，但用好的替代行為來取代壞習慣，在大多數方面都會讓人感覺更好，因為它能帶來類似但不那麼強烈的正面刺激，同時幾乎沒有負面影響。

並不是所有壞習慣或成癮行為都能找到完全對等的替代方案，而且可能需要多次試驗才能成功。在我發現無酒精啤酒這個好方法之前，我曾試過幾種香料苦精，它們和啤酒一樣有獨特複雜的風味。問題是我沒那麼喜歡，喝來不像在犒賞自己。

我通常是在賭場邊賭邊喝酒（相關領域的負向動能），因此，當我變成在家玩《爐石戰記》沒去賭博時，酒也就少喝了，連身體也變得更強壯健康。甚至大約一個月後，我也不在賭場喝酒了。

我還做了這幾件事：

1. 我刪掉了線上賭博帳戶。我們之前討論過環境的重要性，要是我隨時能上網賭博，不就像把賭場搬到了家裡！
2. 我不準自己去家裡附近那個有超棒吃角子老虎機的賭場。只要切斷接觸賭博的機會，戒賭就更容易成功。

3. 我現在也開始下棋。我發現我很擅長輸棋，就跟在賭場一樣，真是太完美了！

4. 我記錄所有賭博的輸贏情況，用具體數字突顯出莊家的優勢，提醒自己賭博的唯一目的就是娛樂。我不期待能贏錢，這對防止成癮很重要。

我新增了替代的遊戲，再加上減少賭博的機會，我現在的行為模式已經大不相同，因為我的「娛樂大腦圖譜」改變了（但不是因為我有強大的意志力）。幾年前，我曾經每天都在網路上賭博，現在我每個月只會賭兩到四次，而且下注也更謹慎小心。我也換成玩電子撲克（vidio poker），因為它的莊家的優勢較低，讓我能用同樣的錢獲得更多娛樂價值。這些都是顯著的動能轉變，也讓我的生活變得更美好！

注意：我絕不會宣稱自己已經永遠戰勝賭博，或其他潛在的壞習慣。首先，你隨時可能重拾壞習慣，永遠沒有「安全」的一天，而且假的安全感最容易讓人重蹈覆轍。再來，我不追求過上完美生活，那聽起來壓力很大又無聊。

你可能已經猜到了，戰勝壞習慣的真正關鍵在於，大腦圖譜和長期動能的狀態。你是正朝著未來十年會更快樂，還是更痛苦的方向前進？你是不是已經掌控了局面，還是不知不覺陷入某個深淵？如果你生活中某個地方出了問題，能做什麼來改變現在的大腦圖譜？

扭轉負向動能：焦慮

放鬆是享受生活的關鍵，也能提升表現。不論你是運動員或上班族，放鬆都有助於專注，而專注也有助於提升執行力。一顆焦慮、緊張的腦袋無法發揮最佳狀態，但遺憾的是，焦慮是相當普遍的問題。

焦慮的形式和原因繁多，我無法解決所有類型的焦慮。不過，我曾經受困於嚴重的廣泛性焦慮，所以想分享一個對我有效的通用解決方案，它幫助我扭轉了這方面強烈的負向動能。

我甚至忘了如何放鬆

過去曾有一段時間，我不知道該怎麼放鬆。我就是放鬆不了，醒著就焦慮。

*

動能會大幅影響放鬆和焦慮。這聽起來可能很奇怪又沒什麼幫助，但放鬆最好的方式就是本來就處於放鬆狀態。在那個觸發我焦慮的事件發生之前，我本來是個平靜的人。

如果你在放鬆或半放鬆的狀態，要再放鬆一點不是很難。但如果你已經很焦慮了，要稍微放鬆一點也都是很大的挑戰。這和大多數事情不一樣，沒辦法先做一點再累積成功，至少對我來說沒辦法。我狀態最差的時候會坐在床角，沒來由地抖得很厲害，也總是忐忑不安。

我努力想要放鬆，哪怕只有一下下也好。但努力只是讓事情變得更糟，我反而把注意力轉到了內心的焦慮狀態，結果讓焦慮和擔憂更嚴重。還有什麼比拼命想放鬆卻一直失敗更焦慮的？我的壓力就這樣越來越大！

我試過了所有常見的方法，甚至連呼吸練習都讓我開始焦慮起自己呼吸的節奏。那我最後到底是怎麼擺脫焦慮的？為什麼現在能平靜下來？

意外逆轉的動能

我厭倦了不斷努力要放鬆，於是我決定與問題共處，而不是拼命想解決問題。我不再等自己「變好」才開始認真生活，還重新開始我最愛的事，那就是打籃球。沒想到我在打籃球時，發現了自己的變化和出路。

「你不能等到生活不再艱難時，才選擇活得快樂。」

——珍・瑪克切斯基（Jane Marczewski），美國抗癌歌手

運動消耗精力能幫我逆轉焦慮動能的原因有兩個：

1. 運動轉移了我對焦慮的注意。在激烈的籃球比賽中，根本沒有多餘的心思去注意其他事情。
2. 運動能分泌腦內啡、血清素等讓我放鬆的化學物質。

我繼續積極過活，雖然花了一段時間才恢復到原來的狀態，但那種放鬆卻是立刻可以感覺到的。當你看到自己的動能由負轉正的那一刻，真的非常振奮。

我當時還沒意識到可以用間接的方法來解決問題。我試著「對抗」焦慮好幾個月，但每次都失敗，反而讓情況更糟。我以為唯一的選擇就是正面對決，而我並不想自我放棄。

焦慮是個成因複雜的問題。我不會說這是萬靈丹，但根據我的經驗，你無法直接與焦慮對抗。別把你感受到的當成問題來解決，反而是要去做**其他**事情，轉換你的視角、思維模式、心態和身體，讓焦慮在不經意間慢慢消散。道理就如同先前我提到的想法、感受和行動之間的關係，與其試圖解決焦慮的想法和感受，不如直接行動來得有效。

真希望你能看到我當時努力搜尋如何放鬆的文章和影片的樣子，真的太慘了，但我也因此學到了寶貴的一課：並不是所有問題或挑戰都能直接對抗。

孫子在《孫子兵法》裡寫道：「凡戰者，以正合，以奇勝。戰勢不過奇正，奇正之變，不可勝窮也。奇正相生，如循環之無端，孰能窮之哉！」意思是說，所有戰鬥中，直接的方法可以用來展開戰鬥，但要贏則要用間接的策略。戰鬥的攻擊方法不外乎直接和間接兩種，但這兩種方法能結合出無數的戰術變化。直接與間接的方法相互轉化，就像一個永無止境的循環。誰能窮盡組合的可能性呢？

直接方法顯而易見，而間接方法雖然不明顯，但對於某些問題可能更有效。我們可以（也應該）在生活中靈活運用兩者。針對焦慮問題，我真心推薦使用間接方法。

另外還有兩件事，大大幫助了我的身心從焦慮中恢復：

1. 鎂的營養補充品（檸檬酸鎂和鎂油）：鎂可以從細胞層面上讓我們放鬆！
2. 漂浮艙：這大大幫助我重新學會如何放鬆。你沒聽說過的話，漂浮艙就是讓人在毫無感官刺激下，裸體浮躺在水槽中。每次療程一小時，艙內一片黑暗，沒有聲音，水溫接近體溫，完全不會受到任何刺激！在這種環境下，你會更容易進入深層的冥想和放鬆狀態。

扭轉負向動能：健康與體能

要有良好的健康跟體能，唯一正確的方法就是養成習慣。你的體重是基因和習慣的產物，通常情況下，個人的健康和運動行為都屬於「自幼養成」。從小到大，人的一生都離不開活動與進食。

飲食和運動幾乎完全由習慣主導。不論觀察的是誰，你都能發現他們在取得食物、選擇種類，以及吃的方式上有固定的模式，運動也是相同的道理。

我十年來一直很難維持運動的習慣，直到我嘗試每天做一下伏地挺身（迷你習慣），至今我仍享受著這股長期動能帶來的好處。如果你發現自己在體重、健康或體能方面處在負向動能，最好的辦法就是從習慣著手。我強烈推薦你讀我的另一本書《迷你習慣減重法》。我沒辦法完整講完那本的全部內容，因為這本討論的範圍較為廣，但我能分享其中「迷你升級」理念的神奇之處。

「迷你升級」就是在你的飲食選擇上，做出小幅度的調整。不需要進行令人卻步的全面飲食改革，你可以每天嘗試達成特定次數的升級（我建議是三個）。你可以先從一個迷你升級開始，等到適應後再逐漸增加次數。

迷你升級能完美融入你目前的生活方式和飲食模式。假設你去你常去的餐廳，就可以問問自己：「我能做哪些調整，讓這一餐比平時稍微健康一點？」也許改喝水而不是汽水，或選沙拉代替薯條，或是只吃八分飽，而不用硬要「清盤」。這些迷你升級不只可以累積出驚人的成效，養成習慣還能學會「做出更健康的選擇」，這正是健康生活的關鍵。

從大腦圖譜的角度來看，如果你在飲食上養成了健康升級的習慣，這種行為將自然成為你吃東西的常態。長久下來，這種效果會不斷累積，因為我們會逐漸喜歡上熟悉的味道和選擇模式。以討厭吃青菜的人為例，最可能的解釋就是他們幾乎從不吃蔬菜。

熱愛加工食品的人面臨的情況，類似於我的酒癮。健康食品就像無酒精啤酒，給大腦較少獎勵，但你可以讓它變美味，它又能滿足你的渴望和必需（微量和大量營養）。健康食品一樣能提供獎勵，只是不像加工食品那樣令人興奮。

太多人會逼自己生吃羽衣甘藍，完全剝奪了吃東西的樂趣，還一開始就用嚴格的運動來懲罰身體。這就像當初我決定在家戒酒卻沒有任何替代品，就逼自己立刻戒掉。結果根本行不通，因為我讓自己在極度愉悅和完全禁欲之間做選擇。我不知道你怎麼想，但我個人肯定會選讓自己開心一下，所以別讓自己陷入這樣的抉擇。

在健康和健身這樣靠習慣驅動的領域，緩慢、微小且穩定的改變永遠是最有效的方法。

結語

無論你現在面臨什麼形式的負向動能，其實都有解決方法。要找到適合的解決辦法，你得先了解自己與問題行為之間的關係根源，並思考這個部份的大腦圖譜。然後，你可以制定計畫，用更健康的行為取代舊的行為，改變大腦對這部份生活的看法，這是動能由負轉正的開始。

無論你的具體方法為何，只要運用明智的策略，加上一點努力，不久後你就能把負向動能轉為小小的正向動能，這些正向動能將會不斷累積，最終成為改變人生的動能。接下來，讓我們看看實現的方法。

7 馬上建立正向動能

（短期解決方案）

本章內容主要針對短期動能，但在開始之前，我得先解釋為什麼短期正向動能是**連結一切**的關鍵。

長期正向動能是最終的目標，因為一旦形成之後，它會自動發揮作用，不需你刻意維持。當你的大腦學會渴望那些困難卻值得的行為時，整個遊戲規則就徹底改變了，因為正是那些行為創造了美好的人生。這就是為什麼我之前寫了四本關於習慣的書。

奇怪的是，為了獲得夢寐以求的長期動能，你要先持續產生短期動能。任何目標，即使是只維持兩個禮拜就失敗的，在持續期間都是由短期動能所驅動。只是大多數人通常堅持得不夠久，所以看不到指數型的成果。

如果每天把一分錢翻倍，三十天後你會擁有超過五百萬美元。但如果你在第十四天停了的話，只會得到一六四美元左右，這就是持之以恆與零星努力之間的差異。

要實現夢想中的成果，你必須每天堅持！而這需要**承諾**。

邏輯是這樣的：

1. 長期動能需要持續的短期動能。
2. 短期動能則需要持續的承諾。
3. 成功又需要什麼樣的承諾？

做承諾，什麼最重要？

有人請我幫忙時，我從不會一口答應，一定會先了解情況。我會簡單地問：「什麼忙？」否則可能會發生以下情況。

他人：「你能幫我一個忙嗎？」

我：「當然。」（許下承諾）

他人：「給我一百萬和你的膽囊。」

我：「呃……抱歉，我不能幫這個忙。」（打破承諾）

這個例子有點荒謬，但明確傳達了我想說的概念。要求越高，我們就越難守信用（即便我們先前對自己或他人做了承諾）。要求**越低**時，承諾就越容易堅持。

你能透過微小承諾持續創造短期動能。

當然，這也這呼應了我先前的書，像是《驚人習慣力》等。但在習慣之外，還有許多機會可以產生短期動能。有時，就算我們提不起勁、沒有習慣基礎，也不在理想的環境下，仍然必須需要前進。在這些時刻，你可以運用下列技巧來幫助自己設立小目標，持續獲得成功。

臨界點讓力量勢不可當

當你推動一塊靜止在山頂的巨石時，那一瞬間並不驚天動地。那一下推力不大，巨石也只動了一點。要是你立刻評估這個行動的結果，或許會很失望。不過接下來，巨石將迅速獲得驚人的動能。

＊

這就是臨界點，也是動能變得幾乎勢不可當的一刻。最初看似微不足道的行動，最終卻成了一場驚心動魄的歷程。

一句話的超級動量

美乃滋的主要成分通常是大豆油，這是對你腰圍最危險的食物之一。英國人平均一輩子會吃掉一八三〇四個三明治。[1] 如果三明治裡加一份美乃滋（兩茶匙），熱量就有九十大卡。算下來，一八三〇四個三明治裡都加美乃滋的，比不加美乃滋的人，多攝取超過一百六十萬大卡。我吃三明治的時候都不加美乃滋，只加芥末醬，因為同樣兩茶匙的份量，芥末醬熱量只有六大卡。

有一天，在我家附近超市的熟食區，我後面的男人點了一個潛艇堡。店員問他要不要加美乃滋，他回答：「當然好。」

他的回答引起了我的注意，因為我點三明治時不要美乃滋的態度，就像他加美乃滋時一樣理所當然。我喜歡美乃滋的味道，但就算少了美乃滋，我還是能享受三明治，而且我知道大豆油對身體不好，所以我想：「嗯，不加也可以。」我這輩子享用美味三明治的次數算下來，這樣小小的改變會造成巨大的差別……也就是我這輩子吃的大豆油熱量少了一百六十萬大卡！

＊

不僅如此，每次做出這樣的選擇時，也都在為下一次選擇設立標準。你認為前文那個男人點沙拉時，會選比較健康的油醋醬，還是更好吃的田園沙拉醬？要我猜的話，我想他會說：「當然是田園醬。」如此微小的偏向，其實也會大大影響生活。

小小的偏向也是關鍵

如果要你繞著街區走一圈，感覺如何？或是只做一下伏地挺身？兩者都算不上劇烈運動，別人看到不會說：「哇，她真的很拼！」這些行為跟坐在沙發上相差不多，但又**剛好**算是運動。

有坐在圍欄上過的人都知道，稍微偏哪一邊都是重大的決定！當你坐在圍欄上（也可以是象徵性的），只要稍微傾向一邊都可能引發關鍵轉折，之後的行動**極有可能**持續朝著你傾斜的方向發展。

- 運動的迷你習慣能幫助你保持極佳的體能狀態。
- 抽一次菸可能會讓你上癮和早死。
- 一直想寫小說的你，所寫下的第一個字，最後也許會引導你寫完整本書。
- 打聲招呼也許會讓你找到終身伴侶，這種情況常常發生！

＊

臨界點很重要，但它似乎沒那麼重要，表面上也是如此。一個「當然好」的隨興決定，卻是整個過程的開端，不會立即展現出未來動能的幅度。

與其制定遠大的計畫或徹底的改變，不如找機會偏向你理想的生活前進，最後的結果會讓你很驚喜。

長久下來，你會發現，小小的偏向往往會帶來更大幅、高效的躍進。這是成功創造短期動能的人具備的基本心態，他們總是在尋找讓自己進步的方法。現在，讓我們來看看更進階的技巧和觀點。

心態的策略與思考

你如何思考和採取行動，決定了你行動的頻率和專注程度。本節會給你一些心態建議，幫助你在各種情況下大幅提升前進的能力。

擅長「開始」，你就不會結束

放棄的目標和未竟的夢想，都是「無法堅持到最後的人」的痛，沒錯吧？無法堅持到最後的人總是不斷變換想法，卻沒有在任何領域獲得重大成就。不過如果我告訴你，他們的問題其實不在於「無法堅持到最後」呢？

*

如果你還不明白，不妨這樣說：假設你開始了一個目標，卻在達成之前放棄了，這究竟出了什麼問題？多數人只會說因為你放棄了或沒完成目標，確實是這樣，但**原因呢**？實際導致你失敗的**機制**是什麼？

原因在於，你停止了再度「開始」。你在某一天或某個時刻，**選擇了不再重新開始**，這就是你沒有完成目標的原因。無法完成目標，基本上就等於沒能再次開始。

把重點放在持續「開始」上會更有幫助，因為開始是主動的，而且只要你不斷開始，就一定能完成。雖然每次的時間不同，每次工作的進展也不一樣，但如果你想成為永不放棄、做事做到底的人，關鍵就是要堅持不斷地開始。

有時完成一個大目標的壓力，會壓得我們喘不過氣。但是，當這項工作被細分為實際行動時，其實只是無數個「開始」的決定。別因為完成任務的壓力而讓自己分了心，與其糾結完成的壓力，不如專注於開始，因為「開始」是更容易且有效的決定。

你需要助力，不是壓力

我們總是會收到各方壓力，要我們以正確的方式過活。壓力可能來自我們自己、父母、伴侶、親戚、宗教、書籍或權威人士。太敏感的人可能會照單全收，這會怎麼樣？

僵硬、過於算計、太慎重、過度分析、改變自己。

基本上就是整個人癱瘓。

壓力越大，你就越會擔心和過度分析自己的方法，這可不妙，畢竟要**有動作**才會產生動能。當清楚某事對你有好處時，最好的辦法就是快點開始，不用等到完全想通或覺得安心才行動。為了讓自己更容易開始行動，試著減輕你的壓力吧。

這裡有個小建議，你可以現在或今天晚點就試試看。你也許有想更努力的事，但心裡卻有抗拒。這種神秘的心理障礙往往出於想把事情「做對」的壓力，換句話說，來自追求完美的壓力。

行動建議：無論你想做什麼，放下「對的」方式、「對的」時間、最低標準等的執念，換個角度想：「只要往前一步就是好事，即使過程有點亂、感覺不對、時機不完美也沒關係。就算失敗了，也能從中學到東西。」然後，放手去做吧！勇敢向前，擁抱不確定性。

＊

當然，如果是要沒繫繩就去走鋼索，放手可能不太妙。但人生中九九・五九二二四％的嘗試都不會死。

這種做法對於生活中有「包袱」的領域特別有效。我們在努力成為更好的人的過程中，也許會背負某些負面情緒：

- 羞恥：對自己的職業道德、過往選擇、體能狀況、藉口、壞名聲或不夠成功感到羞愧。
- 懷疑：質疑自己的能力、價值、選擇、時間分配或深思熟慮的行動結果。
- 憤怒和沮喪：對於未知的前路、過程、艱難、無法控制的結果、覺得自己大材小用而不滿。

天哪！這些都是**沉重的包袱**。一開始放下沉重包袱時，你也許會感覺不太對勁。例如，我每次寫書都充滿壓力，包括這本書在內。我總是希望把每本書寫到最好，超越以前的作品，只要有一點退步我都很害怕。而且我知道自己不是完美的作家，這種自知也是壓力。每位作家出書時，都心知自己其實可以寫得更好。你甚至可以花一輩子寫一本書，期待它會很出色，但它仍舊不會完美。

我知道自己寫書的方式有一些缺點，但我無法解決所有問題，而且在嘗試解決問題時，也許會引發更多新的問題。這對我來說很痛苦，即使知道有這些問題，我還是得繼續寫下去。難怪會有所謂的「寫作障礙」，畢竟在這種壓力下太容易**不寫任何東西**了。我很難放下寫作包袱，因為我在意自己作品所傳遞的重要價值。

儘管放下包袱很難，但還是應該要放下。因為當我們背著重擔，就無法發揮最佳狀態。

當我放下壓力，帶著好奇心、樂趣和探索的態度，輕鬆面對寫作時，我不僅不再抗拒工作，還**樂在其中**，**並創作出更優秀的內容**。身為作家，專注於寫出讓自己自豪的作品，就是最理想的了，想迎合所有人或過分關注外界評價等其他事都太危險。俗話說得好——你沒辦法取悅所有人。

我有時會想起電影導演奈・沙馬蘭（M. Night Shyamalan），他可說是導演界的「**五分錢合唱團**」（Nickelback）紅到發黑。

「沙馬蘭應該禁止拍電影。」

「沙馬蘭，別再拍了。」

「怪咖沙馬蘭又來亂了。」

網路上關於沙馬蘭的評論有很多，這些只是冰山一角。大家總是樂此不疲地批評他在《靈異第六感》（*The Sixth Sense*）之後就再也沒有好作品了，但沙馬蘭一如繼往，還是繼續拍。

倘若沙馬蘭把所有對他作品的負面評價都聽進去，而且全放在心上，他可能會停止創作。那將十分令人遺憾，我寧可看他那些獨特但有瑕疵的電影，也不願看《玩命關頭39》（*Fast & Furious*）。

放下討好所有人的壓力，你的精神會獲得解放，因此表現得更出色，反而會贏得更多人的喜愛。如果這能讓你過上理想的生活，那選擇接受讓一部分人失望也是值得的。

「里程碑」害了你

有人也覺得很多事情都很沒道理嗎？為什麼成為百萬富翁這麼重要？有一百萬其實只比有九八．五萬稍微好一點，但我們卻把它當成完全不同等級的財富。

為什麼我們會慶祝跑完全馬（二六．二英里），而不慶祝跑了二十英里？又是誰決定五十歲比四十七歲更值得紀念？運動二十三分鐘不好嗎？這世界對乾淨俐落的整數太執著，但這些數字並不比旁邊其他數字更有意義。我是說，客觀上一百萬零一元是比一百萬元更好、更多，但沒人會在乎那多出的一塊錢，除非它能讓六位數跨到七位數。

我知道具體的數字或目標能提供簡單、好記又熟悉的參考點。放心，我不會為了證明自己的觀點，特別把會議安排在下午兩點四十九分。但當我們將這種「化零為整」的概念，應用到變動無常的生活中，或許只能進步五〇%。但如果我們能接受「零碎」的進步，也許能進步六九%。

與其像外界一樣重視里程碑，不如珍惜每一點進步。舉個例子：我房門口裝了一根引體向上桿，每當我經過時，都會隨意做個幾下。這不算是正式運動，也不是什麼里程碑，只是微量的運動，但有總比沒有好！二〇二一年一項小型研究發現，受試者每天進行三秒的肌力訓練，持續一個月後，力量增加了一〇%[2]。一**天只花了三秒而已**。

你如果重視的是進步，而不是里程碑和具體數字時，就不會在前進的過程中那麼容易卡住或氣餒。設定具體的目標很好，但如果里程碑會讓你在達到那個「神奇數字」**之前**，忽視實現目標過程中的價值和小小的進步，那就不對了。

*

抗壓神奇小物：廚房計時器

標準的廚房計時器，可說是有史以來最偉大的生產力發明之一。我說的不是手機上的計時器應用程式，也不是數位計時器，而是標準的六十分鐘旋轉計時器。我寫這段時就在用，因為它能完全消除那種排山倒海的壓力感。

排山倒海的壓力，是感覺眼前同時有太多事要處理而難以應付，這也是人生中最大的行動阻礙，不是嗎？然而，只要一個十美元的廚房計時器，就能解決這個問題。

超明確的開始與結束

當我把計時器向右轉，設定為二十五分鐘（這次寫作時長），我就為自己設下了明確的開始（現在）和結束時間（二十五分鐘後）。大多時候，這就夠讓我完成一次流暢且專注的寫作，甚至常常超出我原定的目標。不過有時候我的貓會打亂我的計畫。

在我寫這段的時候，我的貓**不斷**吸引我去陪牠們玩。我不打算抵抗可愛貓咪的打擾，畢竟這是生活的最大樂趣。

在現今這個科技和貓咪主導的世界裡，分心是難免的。而這種發條計時器能輕鬆應對這些干擾。跟貓咪玩完後，我可以算出自己「蒙混」過了多少工作時間，然後輕輕轉一下計時器，把那些時間加回去。這麼方便靈活調整，正是發條計時器好用的原因，但我還沒解釋它的核心優點，那就是——界限。

想想看：當你為一個活動設了時限，你就把它**從無限縮小為有限**。天哪！你現在可以做的事有無限多。我今天或是……這輩子要寫多少字才算「寫完」？根本沒有限制！而我可以追求的領域無限，寫作只是其中之一。無限的領域中有無限的工作要做，這讓人壓力無限大！

想像這些無限的任務都是野獸（用比喻有趣多了，對吧？）。使用旋轉計時器就好像拿出虛擬的套索，來馴服一隻任務野獸。計時器不僅限制了你投入特定行為的時間，還把這個行為跟其他行為**區分開來，讓你能更專心**。

假如壓力真的是一群你需要馴服的野獸，你第一步會做什麼？你應該不至於對這些可憐的動物使用化學武器吧？那解決方案就是一次套住一隻，畢竟你不可能同時制服三頭野山羊和一隻發瘋的雞。

這時，廚房計時器就十分好用，操作簡單直覺、快速又靈活。數位計時器也還可以，但它們需要按照特定順序按下一連串按鈕，而且不太方便調整時間。這些差異雖然看起來沒什麼，但這種細微的差別可能就是成敗的關鍵。

下列方法說明了如何利用廚房計時器戰勝壓力：

選定目標。人一次只能專心做好一件事，所以，你現在準備馴服哪一隻「任務野獸」？其他任務又不會跑掉，所以不用挑最好的那個（別陷入完美主義），挑一個不錯的就好。**只要是值得做的事，即使不是當下最完美的選擇，你也不會後悔去做**。

限縮任務。你願意花多少時間來對付這頭「任務野獸」？你可以像小偷撬鎖一樣，**感受一下**內心對不同時間的反應。

四十五分鐘？有點令人卻步，光想就覺得累，而且我等下有個會要開。

三十分鐘？有點嚇人。

十七．五八分鐘？可以，這我做得到！

你很有可能會找到一個感覺合適且「恰好」的時間，這個時間範圍幾乎不會讓人太過抗拒，但又能帶來有意義的獎勵或進步的感覺。要是你還不確定，就選擇比你想的還更短的時間。與其因為選擇太長的時間，而做不完或根本不開始，不如先做再說。

設定計時器並立刻行動。當你轉動計時器並開始作業時，原本無限的「任務野獸動物園」，便縮小成一隻有限的「任務野獸」，讓你能專心處理。這最後一步應該能減輕你忙不過來的壓力。如果你願意的話，大可在一頭真的乳牛身上寫下任務，然後象徵性地用繩子套住那頭牛！

計時器響起時，再根據需求重複這個過程。你可以繼續處理同一項任務，也可以選擇新任務。有時如果你進入了專注的工作節奏，甚至不再需要計時器了。

跟自己討價還價的兩招

我們討論了如何準備好自己的心態做出行動。

• 承諾做個再接再厲的「開始者」，相信自己只要不斷開始，就一定能完成。
• 保持幽默和實驗的態度，不要過於嚴肅和充滿壓力——可以接受做九分鐘的瑜伽就好。
• 使用廚房計時器來戰勝忙不過來的壓力，幫助你集中注意力，設下明確的界限和期望（而不是無限的工作）。

*

這些都是實踐「行動優先」生活方式的基本方法，如果你還是沒辦法做到，是時候祭出「大招」了——賄賂。

賄賂這招管用了幾千年，所以我們不如也用在自己身上。而且這樣做……（我查一下法律）……完全合法！跟自己討價還價（賄賂自己），來讓自己動起來創造動能，方法有兩種。

適時獎勵自己（賄賂）

用獎勵跟自己討價還價，就是利用誘因來刺激行動。你既是買家，也是賣家。身為賣家，你就像被雇來提供服務的人。就算浴室需要打掃，你也不會免費工作！為你的工作設定一個買家（同樣是你）願意支付的報酬。

如果我打掃浴室，就會得到這個獎勵：______

方法就這麼簡單，卻非常有效。我很多次都用去看電影，或毫無罪惡感地玩遊戲作為獎勵，來鼓勵自己完成出色的工作。

太多人把自己當成奴隸，讓自己「免費」工作。這種自我關係會讓你開始恨你老闆（也就是你自己）！不如偶爾給自己一點獎勵，當作解決日常挑戰的動力。還要盡量讓獎勵與付出的努力相當，如果整理個桌子就給自己買輛新車，似乎有點說不過去。大熱天在車庫裡忙了十小時卻只給自己一顆糖，這也有點過分。重點是要找到能讓自己滿足的平衡點。

想當弱者？自尊激將法（無獎勵）

自尊也可以成為行動的強大驅力。最令我訝異的是，小學時我們常笑別人「膽小鬼」，沒想到成年後依然有效。人在自尊受到挑戰時總會表示：「什麼？！你竟然敢**這樣挑戰我**？！我**當然**做得到！」

我想偷懶的時候，常會用自我嘲諷來轉換心態。

「史蒂芬……你是在怕運動嗎？你做不到嗎？你要當個弱者嗎？」

（然後馬上去健身房）

我不是每次都這樣對自己話，但這種方法偶爾真的可以幫我走出低潮。

激將法在你自豪的領域特別有效。例如：我一直認同自己是個運動員，我從小熱愛競爭，也很自豪在運動或體能挑戰中的出色表現，所以任何體能挑戰都可以激起我的鬥志。又例如，如果你以自己的創造力為傲，那就挑戰自己去創作出只有你才能完成的作品。如果你對自己的園藝技術感到自豪，那就挑戰自己把花園照顧得更上一層樓。

在你動力、意志力和精力低迷的時候，只要透過上述兩種討價還價的方法，就能幫助自己動起來。要是你心情亂到完全提不起勁時，可以嘗試用「七秒激勵法」來幫助自己。

調節情緒只需要七秒

有時，我們可能會感覺自己的情緒狀態像一道很難跨越的高牆，擋在我們跟目的地之間。別擔心，因為你可以在七秒內突破這道牆！

開始是最難的，為什麼呢？這是因為慣性，也就是「物體會保持既有的靜止狀態，或以等速沿直線運動，除非有外力來改變狀態」。這其實就是動能第一定律（**你最可能持續做剛剛做的事**）的另一種說法。開始新事物需要**外力**來打破現有慣性，不過一旦開始，慣性反而會轉幫助你！

行動很神奇，它能改變人的狀態。如果你透過運動、創作音樂，或投入令你興奮的專案等，那麼在**短短幾秒內**，你的心情可以從沮喪變得充滿活力。因此，為了更輕鬆掌握這種神奇的轉變，我們要用「七秒激勵法」的技巧，來打破停滯以及停滯的慣性。[3]

「七秒激勵法」可以消除想太多造成的拘束、壓力和過度分析。

我們在這章前面討論過如何用更幽默、實驗的心態來行動，而「七秒激勵法」就是具體明確的實踐方式。

雖然「激勵」是關鍵詞，但這些技巧其實有很多不同的作用，可以讓你放鬆、鼓勵你、讓你穩住心情、激發熱情，也能點燃你繼續行動的動力。有人可能會覺得這麼簡單、時間還這麼短的方法根本沒用，但先別急著瞧不起它，試試看再說嘛！

這些技巧不是全部都跟時間有關，但為了更好記，我會統一用「七」來代表。其實七秒本身沒什麼科學根據，只是要有個**具體**、**好記**的概念，好讓你需要時能馬上想到。「七秒激勵法」這個詞念起來朗朗上口，讓人心情也跟著雀躍起來。好了，讓我們進入正題吧。

七秒激勵法，用行動改變心情

接下來的七秒激勵法，能幫助解決卡住你的情緒問題。記得，只要你記住這些方法，其實做起來都非常簡單。下列技巧有助你轉換心情，讓自己進入更好的狀態（和心境）。

七次緩慢深呼吸

適用在：憤怒、恐懼、焦慮、不知所措、壓力、誘惑

為了最大化深呼吸的效果，你可以用冥想的方式。現在試試看，感受一下你在深呼吸後的變化。你願意的話，可以閉上眼睛，將所有注意力集中在簡單的吸吐氣上，慢慢重複七次。我喜歡在每次呼氣時，注意放鬆下巴的肌肉，這似乎能讓我更加放鬆（意識到自己在放鬆會讓人更放鬆！）。

呼吸是這麼簡單，與現代生活中的壓力和複雜形成了美妙的對比。

緩慢、有控制的深呼吸之所以有效，是因為它能從生理上讓我們放鬆。由於身體會本能地在你進行深呼吸練習時，自動進入放鬆狀態，你不必擔心「表現」好不好。如果用冥想的方式進行，深呼吸還能放鬆焦慮的身心。

小秘訣：我剛開始練習深呼吸時，會深吸一口氣，然後快速吐出，接著再深吸一口氣，但這其實沒辦法讓我放鬆。深呼吸時，不只要慢慢吸氣，也要慢慢吐氣，甚至可以在吸氣前先停一下，就能確保達到生理上的放鬆效果。若你在三階段中任一過程（吸氣、吐氣、短暫停頓）太過急躁，也許會感受不到太大差異。

你還可以嘗試不同的呼吸節奏，例如：吸氣幾秒和吐氣幾秒。有些科學研究和文獻討論過「最佳」的呼吸時長，但我不想讓這簡單的事變得複雜。

如果你太在意如何完美地深呼吸，可能反而無法真正放鬆。所以不需要強求，只需要用自然且舒適的方式，慢慢地深呼吸就好。

七下伏地挺身（也可以換成更簡單的跪膝或靠牆伏地挺身，或是引體向上）

適用在：疲倦、憤怒、焦慮、沮喪、壓力、憂鬱、壓力山大簡單的伏地挺身其實大有威力。這種實用的徒手自身體重訓練，隨時隨地都能做（我推薦在電梯裡做）。這個動作技巧有很多效果：

- 促進血液循環：伏地挺身和所有運動一樣，能促進全身血液循環。這能帶給你能量，並提升創意（因為大腦血流量增加）。創意是常受到低估的生活技能，它不只能用在工作，也能幫助你解決日常問題，包括處理負面情緒。
- 改變敘事：如果你感覺懶惰或情緒低落，做幾下伏地挺身會立刻提供具體的證據，來反駁懶散的想法。這個動作寫出了積極奮鬥者的新敘事，這不是很好嗎？
- 能量釋放：運動能提振精神（前面提到的血液循環），也能釋放讓人平靜的腦內啡，緩解焦慮。這使得簡單的伏地挺身成了穩定身心的活動，既能讓我們放鬆，**也能**充滿能量！

七秒打電話

適用在：任何情緒

若你擁有永遠在身邊支持你的摯友或家人，那麼你很幸運。就算我們有再多處理情緒的技巧，有時，幫助最大的還是朋友的同理心、智慧和理解。托科技的福，我們通常只需短短七秒就能聯繫上親朋好友！

大多數人都樂於幫助和支持自己在乎的人。當一個好朋友的感覺很棒，所以，除非你經常打電話向別人抱怨，否則不必擔心自己會給人負擔。就打電話向親朋好友求助或傾訴吧，也讓他們知道，你也會在他們需要時挺身而出。如果不確定會不會麻煩到他們，就先問一下，相信他們會直接跟你說。

七秒內離開現場

適用在：憤怒、沮喪、冷漠

有時候，你只是需要抽離一下。也許你正陷入爭吵，並且知道自己即將說出會後悔的話。這時，不妨告訴對方，你需要冷靜一下，然後離開現場。

有些時候，你也許感覺碰到瓶頸，尤其在創作上。這時離開現有環境也許會非常有幫助。離開現有環境象徵著擺脫當下（負面／卡住／糟糕）的心理狀態。你可以透過果斷行動，迅速改變情況！

七秒擺出權力姿勢

適用在：自卑、自我懷疑、恐懼、擔憂

人是非常容易受影響的生物，甚至連我們的肢體語言也會影響大腦的化學反應。權力姿勢就是跟力量有關的肢體語言。回想一下，每次運動員贏得大型賽事時，總會高舉雙手擺出勝利的姿態。獲勝讓人感覺強大，當而我們感到強大時，會本能地占據更多空間來展現優勢。

＊

心理學家艾美．柯蒂（Amy Cuddy）的一項著名實驗發現，權力姿勢能影響人體的化學變化。[4]她的發現很有趣，我們已經知道自信且強大的人會擺出相應的姿勢（例如：獲勝的運動員），但我們不知道的是，無論你的感覺如何，肢體假裝得像強者，也會影響你的感受。這顯然是一個雙向關係，「弄假直到成真」的策略其實真的有效！

仔細想想，其實不無道理。人類生活中，很少有事物是單向的。像之前提到的，思想、感受和行為之間會互相影響，柯蒂的研究也證實了這一點。

贏家因為**感覺**勝利，會高舉雙臂來**表現**出勝利的姿態。

我們也可以透過高舉雙臂來**表現**勝利，然後**感覺**自己像個贏家。

（根據這個道理，我們可以同樣合理假設，那些**自認**是贏家的人也可能**感覺**和**表現**得像個贏家。）

柯蒂的研究中，受試者被要求擺出高或低的權力姿勢，並維持姿勢兩分鐘。不可思議的是，短短兩分鐘就足以改變他們體內皮質醇和睪固酮的含量。

- 高權力姿勢結果：

  睪固酮增加二〇%（自信和積極度上升）

  皮質醇減少二五%（壓力減少）

- 低權力姿勢結果：
  - 睪固酮減少一〇％（自信和積極度下降）
  - 皮質醇增加一五％（壓力增加）

高權力姿勢的受試者變得更自信，而低權力姿勢的受試者則變得較不自信，並且對壓力的反應更大。兩分鐘的動作就能帶來這麼驚人的變化！

你可能會心想：「你說的是七秒，但這個實驗是兩分鐘，史蒂芬也太笨了！」這就是為何我叫這些技巧「七秒**激勵**法」。試著擺出權力姿勢七秒，看看有什麼影響。這個技巧值得嘗試，特別是在大型演出或重要活動前，像是表演、約會或面試。如果你想擺整整兩分鐘的權力姿勢，當然也可以，但如果你心裡有點抗拒，先試試七秒吧。

喝七盎司的水

適用在：疲倦、脫水

如果你覺得脫水不算是一種情緒，那就試試脫水的感覺吧。不過……最好還是不要！脫水可怕又危險。喝水有助於保持精力充沛、頭腦清醒和專注。如果你感覺身體不適或精力不足，喝水是很好的第一步。

注意，要精準量出七盎司的水（開玩笑的）。

*

扭轉動能，簡單又強大

七秒激勵法技巧非常容易執行，還能輕鬆消除恐懼和懷疑。這些技巧雖然不太費力，但卻能瞬間扭轉情況。下次你陷入困境時，別忘了你有一套「七秒激勵法」，可以改變當下的情況！

這些想法只是幫你開個頭，試著創造屬於你自己的「七秒激勵法」，把它們加入你的「火藥庫」，在需要短期動能時隨時運用！你會驚訝短短七秒的承諾，竟能改變你當天的心情與看法。

記住「七秒激勵法」的概念，比記住具體技巧更重要。理解這個概念，會讓你在前進時，比想像中更容易找到起步的動力。

8 持續人生的正向動能

（長期解決方案）

你現在正處在正向的動能？太好了！那麼要怎麼保持這種狀態呢？

人生沒有絕對，我們無法預測未來會遇到什麼障礙、也不知道有多嚴重。不過，我們可以建立在各種情況下都能產生動能的作法。

長期動能的關鍵：你真的想做嗎？

動能持續得越久，威力就越強大。人的動能分為短期和長期，假設你持續做某事夠長時間，不僅是創造了長期動能，也同時在產生短期動能，那麼你就是誰都擋不了的動能坦克！

長期持續很重要。狀態好時，任誰都能產生動能，但真正考驗動能可不可以持續下去的，是那些我們狀態不佳、氣餒的日子。想維持長期動能，必須先清楚自己的意向。

意向跟承諾都要靈活

擁有「意向」並不會帶來對等的行動結果，看看那些被放棄的目標就知道了。我們有時沒辦法完成原本的目標，有時卻會超出目標的預期。

明確的意向當然很可貴，但脈絡才是關鍵。例如：計畫在星期三下午兩點去買種子，且在兩點三十分種下，這樣的計畫會比起「某個時候」或是「明天」再開始，成功機率更高。不過，精準又具體的意向是一把雙面刃，就像婚姻一樣：承諾讓你清楚知道期待，履行承諾也可能帶來終身幸福，但如果最後因故沒能實現，那麼還不如沒有承諾過。

現代離婚率非常高，而這是一件令人非常不快的事情。離婚其中一項常見原因就是雙方「漸行漸遠」。兩個過去有許多共通點的人，隨著年紀增長，彼此有了不同改變。以我自己為例，我深知自己在三十六歲與二十歲時是完全不同的人，而許多人卻是在二十多歲時結了婚。

廣義來說，離婚是因為他們發現伴侶與自己不再合適。同樣，我們雖設定了目標，但後來情況也可能發生變化，讓原本的承諾不再適用。

人生充滿變數，人也會改變，長期承諾也因此很難維持（無論是對人、人生追求或目標）。

這個問題的解決方法看似複雜，但其實非常簡單清楚。具體的意向比起模糊的意向，也許更強大，但也更容易受到未來變化的影響。因此，**我們必須在短期內維持明確的意向，但長期計畫則需要保持靈活**。

我舉一個商業的例子：奇波雷墨西哥烤肉餐廳是我最愛的餐廳，我每個禮拜都會去那裡吃好幾次。新冠肺炎疫情時，他們的業務也受到了挑戰，大家不再外出用餐，這不僅重挫了餐廳的營業額，還使他們的擴點計畫充滿未知。

*

我身為奇波雷最忠實的顧客，親眼見識了他們如何應對大環境的變化，表現得令人印象深刻。他們簡化了線上訂餐和外送系統，甚至在部分門市安排了專門處理網路訂單的廚師和內場。他們還重點開發了自家的外送應用程式，這是我用過最簡單好用的外送服務。

奇波雷並未按照原定計畫擴點，反而開了只接受網路訂單的分店，還不設內用區。這個策略有利於他們的業務發展，降低了店面的佔地面積和經營成本，也提供顧客更快的服務速度。這不僅符合當時社交距離的需求，也趕上了外送服務成長的長期趨勢。

奇波雷長期發展與業務成長計畫依然不變，但他們面對突發情況的彈性應變能力，讓結果比原計畫還要好，尤其是很多競爭對手沒能做出相同反應。二〇二〇年，奇波雷第三季網路訂單量**成長了三倍**，他們也因為能夠靈活應變，使股價從二〇二〇年三月疫情爆發以來大幅上漲。

這**正是**我們在生活中應該效仿的做法，我們可以設定遠大的計畫，但不能指望計畫**完全**按照預期進行。我們當下行動的意向應該根據眼前最新情況調整，畢竟一年後我們或許會住在火星上也說不一定！我們應該設定明確的意向，但不是針對下個月，而是針對今天，甚至更好的是，針對**此時此刻**。

意向離當下越近，就越可能實現。

仔細想想這句話。你**此刻**決定做某事，是基於**目前**的資訊。我們不會結婚十分鐘就離婚，而是後來情況發生了意想不到的變化才想要離婚。能持續產生動能的意向具有下列三項特質：

1. 與長期目標或理想一致（策略）。
2. 基於**當前**資訊（做法）。
3. 是可行的（能力）。

少了上述任何一項，我們都會失去動能。下列是各項特質的舉例說明。

缺乏策略＝沒有方向＋沒有動能

第一天：亞歷珊卓今天走到池塘邊。為什麼？她不知道。

第二天：亞歷珊卓寫詩。為什麼？她和你一樣不知道。

第三天：亞歷珊卓睡到下午一點，然後莫名其妙去露營。

亞歷珊卓到底達成了什麼？她的動能在哪裡？實在很難說，畢竟沒人知道她在做什麼，包括她自己。她的生活看似有趣，但缺乏明確的方向。要是她自己過得開心那也可以，但我們多半都有自己的抱負，如果你正在讀這本書，相信你也是。別忘了，動能的主要要素是方向。首先，你得知道自己想去哪！

缺乏戰術＝間接自毀

第一天：亞歷珊卓跑了四英里。

第二天：亞歷珊卓跑了四英里。

第三天：亞歷珊卓沒有跑步。

第四到十七天：亞歷珊卓沒有跑步。

第十八天：亞歷珊卓跑了四英里。

第十九到九十二天：亞歷珊卓沒有跑步。

現在是什麼情況？亞歷珊卓有了方向！她想跑步，也許是為了健康或體能，她設下了每天跑四英里的目標。但到了第三天，她的腳踝痛，跑不了四英里。可惜她沒有考慮替代方案，沒做點緩和的有氧運動或肌力訓練。由於她對環境變化沒有應對戰術，所以她在第三天和接下來兩個禮拜都沒能產生任何動能。

*

到了第十八天，亞歷珊卓再度嘗試，但馬上又因為相同原因放棄了，哪怕只是遇到小小的障礙，她都沒有應對的做法。根據孫子名言，亞歷珊卓無法「用兵如神」（但誰不想呢？）。

「故其戰勝不復，而應形於無窮。能因敵變化而取勝者，謂之神。」

——孫子

缺乏能力＝注定失敗

第一天：亞歷珊卓在她的花園裡種下了第一批種子。

第五天：今天下雨了。亞歷珊卓沒有按計畫幫植物澆水，而是去購買更多種子，並買了一本園藝指南。這是很棒的戰術調整！

第六到八十六天：亞歷珊卓疏於照顧她的植物。

第八十七天：亞歷珊卓的植物全都枯死了。套她的話來說，**沒人有時間搞這些！**亞歷珊卓繁忙的行程沒給她的花園活下來的機會——她根本沒時間照顧花園。雖然她展現出了明確的方向和漂亮的戰術調整，但目標太不實際，超出了她的能力。

另一個缺乏能力的例子：

第一天：喬恩開始他的健身計畫。

第八天：喬恩用了計畫裡每個月唯一的一次休息，讓極度痠痛的肌肉恢復。不錯的做法，喬恩！

第三十九天：喬恩很喜歡網飛上的節目《魷魚遊戲》。他在打彈珠那集哭了。什麼？運動呢？不是，喬恩嘗試的其實是一個極限健身計畫，但他缺乏足夠的紀律來維持。他計畫一個月只休息一天，這根本不夠。喬恩受限自律和體能，無法堅持進行高強度訓練，所以做了最合理的選擇：放棄。

尊重自己的極限，而且如果你的目標是長期持續，最好設定一個遠低於你極限的目標（本來就該這樣，這跟動能有關！）。把目標定低一點，留給自己緩衝空間，讓你更有成功機會，因為能隨時調整戰術，你便能不斷提升。研究顯示，人往往會高估自己的自制力，因此，定下比那些自我成長書籍建議的高標還低的目標，才是更聰明的選擇。

與其將目標定太高卻無法達成，打擊自己甚至喪失信心，**不如**把目標定得低一點，讓自己有機會超越。我知道這有點反其道而行，因為幾乎九九％的自我成長書都在告訴你要有鬥志、定下遠大的目標，但現實中穩定持續的訓練，遠勝於那些用來賣書的浪漫理想。不論在任何領域要嶄露頭角，先打好基礎才是最重要的。

＊

※**黃金法則**：專家會認真鍛鍊，而業餘者則會許願、盼望、或設下比月亮還高的目標。

間歇休息策略：停下腳步走得更遠

在人類生活中維持動能，有別於維持物理上的動能。在物理學中，你需要在正確的方向上不斷施加最大的作用力，才能建立和維持最大動量。**人類維持動能的最佳方式**，**是間歇以不同程度施力**，**並適時的休息**。如果你一直都給自己百分之百的壓力，不僅不能維持動能，甚至會造成反效果。

休息與放鬆是動能持續和成功的關鍵，這聽來也許有點反直覺。可以把人想成一台車——車可以產生巨大動能，並長時間維持，但可以無限這樣下去嗎？當然不行，車終究會沒油，需要完全停下來加滿，然後才能繼續向前。

別再盲目追求「奮鬥打拼」

有些人認為人不需要休息，只要奮鬥打拼。

睡眠不足？拼命撐著吧！

六年沒休假？拼命幹吧！

討厭你的人生嗎？這就是磨練，寶貝！

這幾乎成了一種信仰。奮鬥打拼的人為了某種「犧牲自我來獲得成就」的模糊概念，選擇剝奪休息、玩樂和睡眠。可是，為犧牲而犧牲沒有意義，我也可以把膽囊獻給自己瞎掰的神，但這對我有什麼意義？大概就是，少了一個膽囊吧。

為了金錢或成就，犧牲睡眠和理智，或許只比把膽囊獻給森林中的「膽囊之神羅德羅格」好一點。如果代價是你的健康和幸福，那也好不了多少。金錢最棒的一項用處，就是可以提升健康和幸福啊！但多數人共享的人生常軌經常是：先拼命賺錢搞壞健康，然後再用這些錢（試圖）挽回健康，不過維持健康比恢復健康簡單多了。抱歉，我有些離題了。

那些崇拜奮鬥打拼（或膽囊之神）的人，往往會做出無用，甚至違背自己真正渴望目標的犧牲。

我不是說努力突破自我或工作沒有價值。我想強調的是，當你做出犧牲時，你應該了解背後的原因和真正的代價。睡眠不足和工作狂現在好像很流行、很酷，但這不論是在短期還是長期，都會讓人在健康、幸福和生產力方面付出巨大的代價。

*

有時為了趕上工作的截止日或把握機會，我們不得不熬夜，但若這成了長期習慣，那一定是大錯特錯。無論什麼情況，充足的睡眠都有助於更出色的表現。所以，一定要好好睡覺！

人需要不同程度的休息和活動，是因為人的精力起伏難以預料。你有食物中毒過嗎？即使你沒吐，也會因為無法進食而消耗大量能量。除了這類極端情況之外，每天還有數不清的微小因素會影響我們的精力。請重視這些變化，當你明顯需要休息時，就給自己放個假吧。

記住，休息並不是軟弱的表現，而是為了讓我們發揮最強的實力。如果你不同意，可以試看看去叫醒冬眠的熊，告訴**牠**你對小睡太久的看法，然後罵牠很弱啊。我的貓基本上就像小熊，牠們整天都在睡覺，但當牠們活起來玩時，能量高到只能用「核彈級」來形容。

長期來看力量不是越多越好

人生是一場迷人的雜耍秀，成果在不同階段都至關重要。我們希望每分鐘、每小時、每週、三年，甚至一生都過得精采。這些全都很重要，但充分利用未來五分鐘（短跑）的最佳策略，跟充分利用下月（中距離）和未來十五年（馬拉松）的最佳策略並不相同。

你可以在三週內取得驚人的成功，也能在三個月內徹底失敗，許多人都有過切身之痛，每年的新年新希望就是最好的例子。不過，為什麼會這樣呢？

因為你的動能來源只能支撐你三週的時間，而你在這三週內的成功方法，正是你

三個月後失敗的主因。

短期的成功，長期的失敗

大家都以為，三週的努力能創造長期成功的動能。如果這是真的，那些試圖一夕之間改變自己的人就會變成超級英雄，但行為動能並不是這樣運作的。

三週的成功當然不錯！從動能的角度來看，這表示你在二十一天分別創造了動能，而這些天加起來累積了一點點的長期動能。這可以提升你的信心，但你還是要保持「平常心」。前二十一天的成功無法且不會「支持」你第二十二天的行動。如果你以為可以，就必定會失敗。相反，要是你認清自己要像第一天一樣，在第二十二天重新創造動能，那就能成功。

目標遠大也會扼殺動能。人長期穩定創造高強度力量的能力有限。特別是以過勞來說，你的「**短期成功**」**卻造成了**「**長期失敗**」。問題不在你一開始做得很好卻無法堅持，而是你採用的策略會逐漸耗盡你自己，成功的機率就非常低。

人類的理想動能類似馬拉松選手的跑步節奏，應該是你能在一段時間內（現在、以後、或甚至未來十五年）持續維持的配速。可持續的配速比你在第一英里的表現來得重要。

馬拉松比賽中最重要的是什麼？是持續不斷地跑。而對追求目標來說，最重要的是什麼？是每天堅持。

如果你停止創造動能，就會走向失敗。聰明選擇自己的步調吧！更好的方法是，別依賴運氣，將目標設得比你自認能做到的更低一點，來保證成功。這不是妥協，而是策略，讓你能獲得更多。偉大的成就來自持續的向前邁進，而不是反覆無常的前後彈跳。

門檻就是動能的瓶頸

門檻越高，嘗試進入的人就越少。在經濟學中，高門檻會導致壟斷。沒有競爭者的話，壟斷市場的企業就不用求進步，甚至能哄抬價格來剝削那些沒有其他選擇的顧客。

壟斷對創新、進步、消費者甚至壟斷企業本身都有害。壟斷公司由於缺乏競爭者推動創新，而會停滯不前。相同道理也適用於個人發展，因為高門檻會阻礙嘗試，導致了個人的停滯！

誰能夠進步更多？

- 開放且靈活：A不會拘泥服裝，無論在室內或室外（不論天氣），在任何時間、任何形式都能運動。**進入門檻低**。
- 封閉且僵化：B只有在週三晚上八點到九點，在室內、穿著性感的虎紋短褲、還必須是滿月時才做皮拉提斯。**進入門檻極高**。

A絕對會有**更多**運動機會。虎紋短褲的例子雖然極端，而且畫面嚇人（實在抱歉），但清楚傳達了一項原則：像B這樣有虎紋短褲和滿月要求的人，幾乎不可能持續運動。

穿著虎紋短褲在滿月下運動，絕對會是你人生最棒的一次運動體驗。但這只有一天而已，如果你想要的是持續的成功，初期投入過多力量與速度其實是個錯誤。下面是真實案例：

- A每天做一下（或更多）伏地挺身。也可以做更多下。
- B每天做一百下（或更多）伏地挺身。絕對不能少於一百下。

真的有「一百下伏地挺身挑戰」，還非常流行。我寫的《驚人習慣力》就有提到每天做一下伏地挺身和其他的小習慣。

兩種概念都是要每天做伏地挺身，兩種方法都有人成功過。所以，問題的關鍵在於效率和可靠度，哪種方法最可能讓大多數人成功？

這取決於比較的時間範圍，我們應該用哪個時間點來衡量成功？第一天？一週？一個月？還是十年後？

每天做一百下伏地挺身確實是很棒的運動，要是你能做到的話。假設你能堅持三十年，這種方法絕對會比每天只做一下伏地挺身好，畢竟理論上，你的運動量高了一百倍。唯一的問題是，長期來說失敗的機率也更大。

很多人會挑戰要連續三十天，每天做一百下伏地挺身或類似挑戰。結束時，參加者可能會因為每天強迫自己做這麼高強度的運動，而感到身心俱疲。由於目標非常嚴格，沒有彈性或調整的空間。就像之前提到「汽車沒油」的比喻一樣，高門檻的目標不允許有中途休息或加油的機會。

每天做一個或以上的伏地挺身，會產生少量的動能，這種動能會逐漸累積，不會被消耗。而且這個要求很低，甚至可以當作休息日，同時可以保持動能和連續達成的紀錄。更重要的是，「一下伏地挺身」可以成為基礎（起點），而不是像一百個伏地挺身挑戰那樣成為限制（終點）。如果你已經做出伏地挺身的姿勢，那麼你可以輕鬆利用第一次伏地挺身產生的動能，接著做更多的伏地挺身。

其實，我這兩種挑戰都嘗試過。還記得在一百下伏地挺身挑戰中，我只堅持了三天。我知道很遜，但這也是為什麼我需要更好的策略。如果你只看第三天的表現，那麼一百下伏地挺身挑戰的確比一下伏地挺身挑戰好一百倍。但問題是，第三天之後呢？

*

我現在幾乎每天都進行完整的訓練，這全都要歸功於**九年前**我做的那一下伏地挺身，這是真的。在二〇一二年底做那一下伏地挺身之前，我從來沒能堅持運動。現在九年過去了，我與運動建立了全新的關係，這就是累積動能策略的影響力。回想我是如何走到今天，我還是每天都很驚訝。

第三天：在第三天，一百下伏地挺身的挑戰看來好上百倍（也許沒那麼多，因為一下伏地挺身的挑戰通常不會只停在一下，而是從一下開始）。

第九年：一下伏地挺身的挑戰則**好上無數倍**。極少有人能堅持做一百下伏地挺身這麼久。相比之下，一下伏地挺身挑戰讓人與運動建立起新的關係，更養成了每天運動的習慣。

你或許還記得我之前提到過：「我們在三週內的成功方法，正好就是三個月後失敗的主因。」同理，有些人會說我「失敗」了，因為我每天只做幾下弱弱的伏地挺身，但就是這個方法讓我九年來成功持續運動。

如果你的目標是獲得動能，那麼就要能克服每天面臨的不同阻力。

從人類心理學和神經科學的角度來看，低強度的小步向前，優於高強度的大步邁進。小步向前可以隨著時間累積動能，而大幅度的改變雖然一開始看似充滿動能，但很快就會被潛意識抗拒且馬上減速，幾乎總會回到平均值（起點）。

圖7顯示了不同書籍對成功的看法。而哪一種策略被視為「最成功」，取決於你在什麼時間點檢視結果。在短期甚至中期觀察結果時，大家可能會納悶，既然只要更努力就

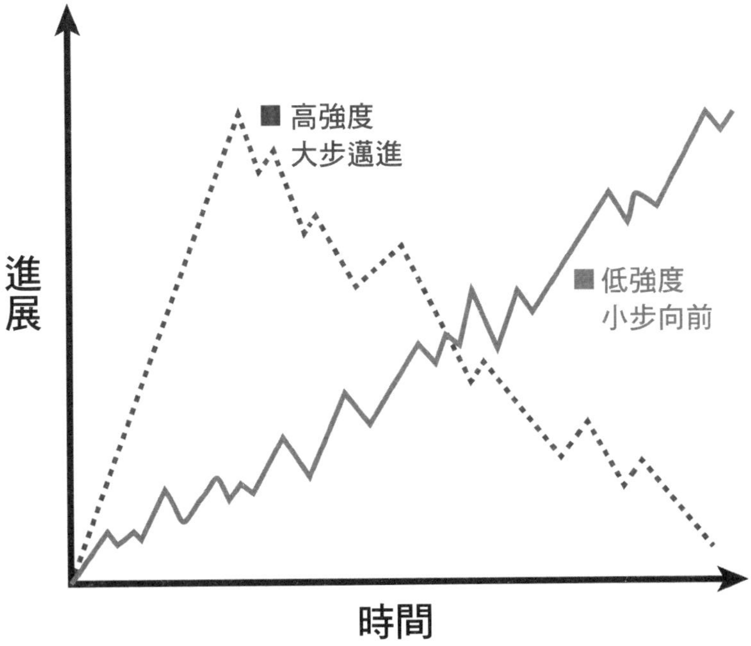

圖7：低強度與高強度成功策略的差異

能獲得更好的結果，為什麼有人會選低強度的小規模行動。然而，長遠下來，故事的結局會有所不同。

過於遠大的目標雖然起步快，卻呈現出無法持續的發展軌跡，正如任何無法維持績效曲線的金融資產，唯一的走向就是下跌。人生約有兩萬八千天，更像是一場馬拉松，而不是短跑。在馬拉松一開始就全力衝刺的選手會是誰？就是那些最後輸掉比賽或無法完賽的人！

最聰明的馬拉松選手（和人）會找到一個略低於自己能維持的配速。在長程的比賽中，比起高估自己能力並在終點前精疲力盡，保守一點更聰明。**如果你在計畫中採取保守策略，一旦確定自己有多餘精力時，就更能靈活運用。**

真正的動能，總是藏得很驚人

我在前面提到，一顆被擊發的子彈比起風中的花粉，擁有更大的動能。可是，如果我告訴你，多數時候，花粉其實比被擊發的子彈擁有更大的動能呢？

花粉最初的動能自然比不上被擊發的子彈，但故事不是就這樣結束。子彈可以在幾秒內飛行一英里左右，然後就完全停止了，而花粉則會繼續飄散。基因改造過的草類花粉可以飄到十三英里外的草地上。[1] 如果你覺得這很驚人，松花粉甚至可以飄到兩千英尺的高空，還能飄行長達一千八百英里！[2]

被擊發的子彈靜止於地上時，花粉依然在空中飄動。因此，除了最初的幾秒鐘外，花粉其實擁有更多動能。花粉輕盈的特性使它能借助風力，來擺脫重力的束縛，但子彈則是快速墜落。

從時間的角度來看動能，這對人類的思維來說似乎有違直覺。一下伏地挺身竟然可以勝過一百下，還有「花粉比被擊發的子彈擁有更多動能」這樣的說法，居然在大部分時間裡都是對的。子彈的威力和短期動能在最初幾秒確實讓飄浮的花粉相形失色，但最終花粉卻能維持更長時間的移動，有時甚至飛得比子彈遠十倍。算我求你了，思考行動時別只看最初的影響，請把眼光放遠到之後的發展。

※黃金（花粉）法則：我們不應該太快用事物的大小或當下的效果，來判斷一次行動的力量和意義。

*

「以柔克剛。
以靜制動。
以弱勝強。

弱之勝強，柔之勝剛，
天下莫不知，莫能行。」

——老子

親愛的老子，我們正在努力！

我們已經說過，為了維持動能，你必須在休息與行動之間適時切換，並先小步前行，而不是大步（但難持續地）跳躍。就算你能更努力，也不代表結果會更好……有時甚至可能會更糟！我就有很多次運動過度，結果身體太痠痛或受傷，後來好幾天都沒辦法繼續運動。如果我當時能不勉強自己，長期下來反而能做**更多**運動！

動能之所以神奇，是因為它有複利效應。這對生活來說非常值得興奮，這表示我們比想像中更接近自己的目標和夢想！如果你用遞增的一個個步驟來思考目標，可能會覺得遙遠又艱難。但如果你用正向的動能漩渦來思考目標，就會發現它其實更接近、更容易實現也更具吸引力。

＊

最後一課：行動永遠能戰勝阻力

把下面這句話做記號、畫重點、印出來，或貼在你兄弟的額頭上。用任何方法都好，一定要記住這一點，因為這真的有效，也是這本書的精彩結尾。

動能來自於行動。

只要我們採取行動，就會在特定方向上產生運動，進而轉化為那個領域和相關領域的短期動能。長期動能是人人都渴望獲得的力量，但通往長期動能的唯一途徑，就是持續創造短期動能。因此，問題關鍵在於：我們要知道怎麼讓自己動起來。

在我們有意願且有精力去行動時，這並不難。我們會積極做出行動，改善自己的人生，也就是所謂的有動機或有熱忱，這雖然很好，卻非必要也不可靠。我們應該要放下動機，並學會不被任何阻礙影響。

要體驗動能的魔力，你必須知道如何克服阻力。阻力是唯一阻止我們採取行動的要素，並且會以各種形式出現：藉口、精力不足、忙碌、心情不好、拖延、懷疑、完美主義等。即使你讀過世界上最好、最激勵人心、最聰明的建議，還是會遇到阻力。**你有時還是很難做出正確的行動**。這就是人性！但是仔細閱讀接下來的內容，你將暢行無阻。

面臨行動的阻力時，你有兩個選擇：

1. 靠意志力硬去克服阻力。
2. 考慮替代方案。

大多數人會選第一個，這個方法或許有效，但也有明顯缺點，主要是會讓你很累然後失敗。勉強自己做內心抗拒的事，要耗費大量能量。你其實是在跟自己決鬥，這聽來很累，實際上也真的很累。有研究也顯示，勉強自己會導致意志力變得薄弱。抗拒之後會更容易屈服誘惑（或無法做出行動）。還有研究發現，意志力與信念有關，相信自己有意志力的人，確實會展現出更多意志力。我認為這些研究都有道理。

相信自己能戰勝阻力的人，一定會比不相信自己的人更容易成功，這就是信念的力量。但畢竟我們的身體對壓力敏感又依賴能量運作，所以我們做出每個決定，都必定會消耗精力。你可以像突破身體極限一樣突破心理極限，但是，正如挑戰身體極限可能受傷一樣，突破心理極限也可能會精神崩潰。

*

靠意志力硬撐，你或許會成功一段時間，直到你能量耗盡，壓力荷爾蒙（皮質醇）過高，直到身體和（或）心理撐不下去為止。事實上，這種情況我們都聽過，甚至還有專有名詞來描述這個現象——「過勞」。

最強壯的人會把自己逼到極限，直到心理和（或）身體無法負荷，讓他們變得虛弱。而最聰明的人不會讓這種情況發生。你越聰明，就越能善用自己的力量。

仰賴意志力的過程最棘手的地方在於，你可能會覺得自己無敵，或者給別人這種印象……直到你突然崩潰的那一刻。在比較不極端的情況下，我們常看到有人不能實現自己的目標，因為大多數人會在過勞之前就選擇放棄，其實這還算聰明。

如果你真的過勞的話，不僅沒辦法繼續朝著目標前進，還可能被迫需要一段長期的休息。人類就是要用時間來償還過勞的代價。

但等等，還有選項二，我們應該考慮一下！我說的「替代方案」，不是指從跑馬拉松改成吃玉米片，這樣雖然阻力較少，但對你原本的目標沒幫助。替代方案應該是同類型的行動，只是更簡單、壓力更小的版本。

太簡單不想做？先過心裡那一關

簡單的行動只需較少的精力，又不會讓人太有壓力，那為什麼有人會**抗拒**簡單的勝利呢？大家抗拒太困難的行動，是因為想到要投入大量**心力**。然而，拒絕選擇較簡單的替代行動，主要有三個**心理哲學**：

1. 看起來像是**認輸**。你原本想要的是大獎／大勝／跑完馬拉松，但現在卻要退而求其次。
2. 看起來似乎不**夠厲害**。
3. 我們想感覺自己強大，而簡單的事讓我們**感覺自己很弱**。

我們想要贏、想有重大進步、想變強，這些心態都不難理解，但讓我們來看看這些觀點能否經得起檢驗。這種哲學上的抗拒，有別於耗費努力和心力而產生的行動阻力，其實只要轉念就能克服。

稍微調整對簡單行動的看法會很有幫助，能讓你在人生中釋放大量創造正向動能的機會。這不僅是克服行動阻力的**關鍵**，更是運用動能力量來改變生活的**主要途徑**。

以退為進，不是認輸！

不想認輸？乍看之下很合理，但仔細思考後就發現完全不是這麼回事。為了解釋原因，我想問你：什麼叫認輸？揮白旗之後會發生什麼事？

一般來說，一個人認輸時通常不會再有任何動作，也不會再進攻。例如：在西洋棋中，認輸就表示不會再下任何棋，算對手獲勝。不論任何形式的戰鬥，認輸的一方或軍隊會處於不構成威脅的靜止狀態。也就是說，當一方承認失敗，就不會再有任何的進展。

我們先前舉了跑步的例子，那認輸的跑者又會怎麼做呢？答案很簡單：認輸的跑者會停下腳步。這正是我們的答案，即便跑得不夠好，**仍然是在跑**，動作依然持續。還在奮鬥的戰士，又怎能被稱為認輸呢？

以退為進並不是認輸，甚至可以成為一種有效的進攻策略。拳擊手希望對手小看他的刺拳，這樣才能為致命的勾拳鋪路。

在我最喜歡的電影《神鬼戰士》（*Gladiator*）中（劇透警告），反派康莫德斯準備上格鬥場，與主角麥柯希穆一決生死前，暗中用刀背刺了主角，然後指示手下「隱藏傷口」。康莫德斯的懦弱之舉，幾乎使麥柯希穆難逃在不公平的戰鬥中迅速死亡的命運，而群眾不會知道是康莫德斯的卑鄙手段剝奪了麥柯希穆公平對決的機會。

這一幕讓我哭了，英雄難免一死雖然令人悲傷，但我的哭點是他在那**之後的作為**。麥柯希穆**從未**認輸讓我感動。我不只為麥柯希穆感到悲傷，更為了他驕傲。他展現了勇氣、決心和人類奮鬥的精神。

麥柯希穆失血過多而虛弱，無法好好戰鬥。他幾乎動彈不得還出現幻覺，疼痛難耐的他很快就要死了，就算這樣，他還是踉蹌著盡全力戰鬥。**這就是永不認輸的真義**。

我有個問題，希望你能認真思考：為什麼我們敬佩像麥柯希穆這樣，受傷時仍全力戰鬥的英雄人物。但當我們自己處於相同情境時，卻反倒責備自己？為什麼我們認為麥柯希穆的行為充滿勇氣，但類似行為放在自己身上時卻覺得自己很可悲？這樣的思維不僅對自己不公平，還阻礙我們邁向卓越，讓我們無法成為自己人生故事中的英雄和贏家。

每個人的人生都有苦痛，也都受過傷，沒有人所向無敵，但這不代表我們沒有機會追求榮耀、尊敬，甚至勝利，我們每天都有展現自己價值的機會。

每當我們感到脆弱、疲累或筋疲力盡時，就得**靈活應變**來繼續奮戰。我們可能無法發揮全部實力，也許無法完成當天想完成的所有事，但我們那看似不起眼的努力也是在前進，完全不是認輸。這一點都不丟臉、不可悲、不沒用，反而充滿意義，又激勵人心，正如麥柯希穆一樣！

下次當你覺得做一件小事就等於認輸時，想想英勇的麥柯希穆，他身受重傷，步履維艱，因失血過多而產生幻覺。想像他幾乎站不穩，踉蹌地走向戰場（伴隨著《神鬼戰士》的磅礡配樂）。這就是英雄的樣子，麥柯希穆無法發揮原本實力的十分之一，**但他還是堅持奮戰**。

做得比你原本預期或理想的還少，並不代表你放棄了，其實恰恰相反——你是一名鬥士，會為了能掙得的每一分進步奮鬥到底。

不夠厲害？其實比什麼都厲害！

這其實是我整本書都在講的主題，但這種誤解太常見，真的值得重新探討。答應自己，永遠不要只考慮一項行動的當下結果，想想它會帶來無限的連鎖反應！想想你本來可能動都不動，卻選擇前進一小步的意義。試著計算人生中一再選擇前進而非後退的結果。這當然無法精確計算，但我們知道，結果肯定是正面的！

正如我承認自己無法想像超高速星的大小和速度一樣，我也難以想像一個正向行動可以引發的連鎖反應和動能有多大。麥柯希穆就引用羅馬皇帝馬可・奧理略（Marcus Aurelius）的話說：「我們人生中所做的事，將在永恆中迴盪。」

很弱？只要開始就是成功的一半

我們今天原本想跑五英里、一場馬拉松或某個目標，但後來卻只繞著街區跑一圈就回來了，這樣很弱嗎？

戰爭中，撤退有時是因為戰敗，但也不是絕對。軍隊可能會撤退到地勢較高或更易防守的地形。他們撤退也許是為了誘敵深入，進行突襲。軍隊甚至可能假裝撤退示弱，讓敵軍萌生優越和安全的錯覺，隨後再發動反攻。撤退其實不只是「你贏了，所以我要逃跑」這麼簡單，而可能是更強、更有謀略的有用行動。

＊

你下過棋的話，就知道有時該撤退，有時該進攻。如果你的對手移動他們的兵，在另一個兵的保護下，對你的皇后發起攻擊，你就必須將自己的皇后移到安全的地方！這步不是膽小，而是聰明的策略，選擇保護你最有價值的棋子，並將它移到更有利的位置。

人生時常會發現自己原先的「計畫」行不通，這正是我們該退一步的時候。然而，這種撤退並非像戰爭電影中的士兵畏戰逃跑，而是像大師級棋手選擇保護自己的皇后。別忘了厲害的棋手也許會先假裝撤退，把皇后移動到一個能**反擊**，或為後續進攻鋪路的位置。

我們已經逐一討論了人類抗拒簡單行動的心理哲學，現在請重新思考一下「做抗拒少一點的任務」這個想法，特別是跟其他選擇比較，比如：什麼都不做，或強迫自己完成全部工作（這有時有用，但會讓你太累又難維持）。

1. 小進攻也是主動進攻。這不是認輸，是進步！
2. 小小進攻能累積，yo，累積的攻擊能勝利，yo！不知為何我突然開始饒舌，但我想說的是，動能（很容易從小進攻產生）是會**指數成長**，而不只是線性增加，這才是真正強大的力量。
3. 雖然你可能從先前的大目標「撤退」，但別忘了，這樣的撤退是以退為進的戰術，目的是為了強化你的優勢。如果你能將必然的失敗轉化為帶有動能的小勝利，絕對是在**變強**！

每當你感覺不想做那些明知能改善生活（無論是現在或未來）的事時，請記住這些話：不要掉進「全有或全無」的陷阱。不要相信那些喊著「要麼大幹一場，要麼回家」的人。不要一受傷就認輸，也不要不在最佳狀態就選擇退出。就算你今天本來想要跑，但最後只能用爬的，也要咬緊牙關繼續前進。如果你能真正理解這些話，基本上這世上沒什麼能阻擋你。任何阻力都贏不了一個精明且堅韌的戰術家！

每一刻都是創造動能的最好時刻

從零星的動能變為全面穩定的動能，將帶來重要的啟發或突破。動能是免費的資源，我們只需使用合適的工具來取得，並充分利用它的力量。

幾乎所有人都希望讓生活變得更好，但如果先嘗試改變自己的一天呢？只要小小的行動，就能改變你一整天的狀態，這都是源於行動所產生的動能。無論是好事或壞事，我們都有過類似經驗，也許是一次深度冥想讓你度過了美好一天。另一方面，也可能是一場爭吵或錯誤的選擇，毀掉了你的一天。這就是動能，每天在背後決定著你的前進方向。

我們無法一次過幾週、幾個月或幾年，我們只能活在當下，一天一天過下去。因此，懂得好好過一天的人，也懂得好好過一生。

動能是生活中最強大的力量，每一天、每一刻都是創造動能的機會。如果你感覺人生卡住了，就回過頭再看看最後幾章，有具體的策略可以幫助你動起來。或者，如果你忘了自己能創造強大的動能，也可以重讀這本書。

非常感謝你閱讀《內在動能》。

讓我們繼續前進！

史蒂芬・蓋斯

致謝

感謝你給了我身為作家所能收到的最棒禮物——讀了我的書！這對我來說意義深重，非常感激。

另一項對作家來說的重要禮物，就是書評。可以在亞馬遜上留下簡短的書評，跟其他讀者分享你對本書的想法嗎？短短的就好不用太浮誇。因為我是獨立作家，所以書評對我來說非常重要。如果你願意撰寫評論，我將感激不盡。

《內在動能》書籍網頁：minihabits.com/momentum

個人網站：stephenguise.com

電子郵件：sguise@deepexistence.com

附錄

前言——小動能滾出大成功

[1]美國有一百位參議員，至今有三七%的美國總統是從這個群體中選出。雖然機率仍不算高，但這個群體的當選機率仍明顯高於其他群體。

序章——動能讓人生不公平

[1]比賽結束後，裁判們開了閉門會議討論我們的作法，由於我們當時並未違反任何游泳比賽規則，他們決定承認我們勝出。不過，他們當然也不會讓我們在以後的比賽再用一次這個漏洞。（救生員提醒：「用走的！」）

[2] The Oxford English Dictionary | Oxford Languages (2022). Retrieved 6 March 2022.

[3] Permutt, S. (2011). The Efficacy of Momentum-Stopping Timeouts on Short-Term Performance in the National Basketball Association. Retrieved 6 March 2022.

第一部　動能的四大定律

[1] 1903 – The First Flight – Wright Brothers National Memorial (2015). Retrieved 6 March 2022.

[2] Napiwotzki, R., & Heber, U. (2005). Star on the run. Retrieved 6 March 2022.

[3] 普遍認為風神翼龍重約為五百磅，翼展達四十英尺左右，但幾乎沒人會想到風神翼龍。

1　第一定律：你最可能持續做剛剛做的事

[1] 這也可以被稱為「慣性」，根據《牛津英語詞典》的定義，慣性指的是「什麼都不

做或保持不變的傾向」。如果你什麼都不做，很可能繼續什麼都不做。如果你正在做某事，很可能會繼續做同樣的事。

[2] 如果這聽來有點耳熟，那是因為我曾在先前的《驚人習慣力》書中，首次將牛頓運動定律用來隱喻個人的發展。

2 第二定律：持續動作，才能消除阻力

[1] 基底核的工作比較輕鬆，因為它只需重複那些能帶來獎勵（快樂、成功、滿足感等）的行為模式。前額葉皮質的工作則比較辛苦，它得同時關注短期和長期利益，權衡各種行為在各時間點的風險和報酬。當你想著要清馬桶，但腦中立刻浮現「不！」的答案，其實正是潛意識的即時偏好在作祟，因為你早就知道清馬桶並不好玩。不過你的前額葉皮質會提出這個想法，則是因為它看到了兩種潛在未來：

1. 刷得發亮的乾淨馬桶
2. 微生物狂歡派對

前額葉皮質能理解，雖然現在清馬桶不有趣，但之後會讓人感到更輕鬆愉快。它也能決定我們少喝一杯，或有意識地規畫一天，而非漫無目的度過。如果這聽來很累，那是因為就是這樣！這就是為什麼消耗大量能量的前額葉皮質沒有佔據全部的大腦，因為大腦的設計必須兼顧能量效率和運作功能。

[2] 約二一至二九%的慢性疼痛患者會濫用處方的鴉片類藥物。

使用鴉片類藥物的慢性疼痛患者中，約八至一二%隨後會發展為鴉片類藥物使用疾患。

約有四至六%濫用處方鴉片類藥物的人會轉向使用海洛因。

約八〇%的海洛因使用者最初都是從濫用處方鴉片類藥物開始。

罹患鴉片類藥物使用疾患的機率取決於多項因素，包括個人因急性疼痛服用處方鴉片類藥物的時間長短，以及持續使用鴉片類藥物的時間長短（無論是按處方服用或濫用）。

資料來源：National Institute on Drug Abuse. 2021. Opioid Overdose Crisis | National Institute on Drug Abuse.

[3] 至於那些建議我在花椰菜上撒點古柯鹼的人……這或許有效，但這樣應該不算真的對花椰菜上癮，對吧？這個策略的問題在於，避開古柯鹼比吃花椰菜更重要。我相信這種方法確實可能讓我對花椰菜上癮，但我也可能會對古柯鹼上癮。我目前的花椰菜攝取量還不錯，感謝各位關心，我知道大家也是好心想幫忙。

註：我從來沒在花椰菜上灑過古柯鹼，也從來沒有嘗試過其他任何毒品。我很害怕嘗試任何毒品，哪怕只有一次，這就是研究神經科學的下場！

[4] 我不是那種提倡人不該有惡習或罪惡享受的人，我自己也有一些個人耽溺的壞習慣，但沒人會為了更喜歡巧克力而找書來看，畢竟那毫不費力。我們不該將惡習與「健康」行為對立，而是應該強調真正的目標，即控制與掌握。我們想要能建構自己的生活方式，而不是在一片混亂的衝動和選擇之中隨波逐流。

[5] 人類史上第一次成功跳傘的人是安德烈—雅克・迦納林（André-Jacques Garnerin）。他在一七九七年從距離巴黎上空三千兩百英尺的氫氣球上從天而降。想像一下成為史上第一個做出這個壯舉的人是什麼感覺！

資料來源：How Was Skydiving Invented? (2018). Retrieved 6 March 2022.

[6] Is Skydiving Worth It? | Skydiving NYC | Skydive Long Island. (2016). Retrieved 6 March 2022.

3 第三定律：你感覺到的動能是假的

[1] 養成一個習慣究竟需要多長時間？這個問題非常複雜，涉及許多層面，例如：習慣的強度和難度？你每天重複這個習慣多少次？你有多喜歡這個習慣？我們雖然不知道養成習慣的確切時間，但可以確定的是，養成習慣就像鍛鍊肌肉一樣，不會鍛鍊二十七天後突然間擁有強壯的肌肉，而是從較弱的肌肉開始，透過持續訓練讓肌肉變得越來越強。這是一個持續進步的過程，而不能直達終點。同樣地，習慣也是這樣，不僅僅是「有或沒有」，而是行為偏好有不同的強弱和穩固程度。我們既有根深蒂固的積習，也有剛剛形成的新習慣。

[2] 想深入理解為何行為在三十天後仍未養成習慣或產生足夠的動能，不妨想想，你的大多數習慣是經過數年、甚至數十年才養成的。習慣之間會相互競爭你的注意力和精力，而你希望取代的舊習慣在三十天後依然比新習慣強大。但要記住，這

點只有在你的習慣養成策略僅限於三十天時，才需要擔心。讓我們來看看一個例子。

你早上醒來後，做的第一件事是什麼？如果你和我一樣，可能是翻身開始滑手機，而且一滑就很久。（我知道，這樣說讓這本書顯得完全沒有說服力了，因為我公開承認自己有壞習慣。）這個習慣與你其他時刻查看手機的整體行為密不可分。

對許多人來說，滑手機是由多重線索引發的習慣，透過每天數十次的重複，歷經多年建立起來。所以，你認為光是早上連續做三十天的瑜伽就能打敗滑手機嗎？太天真了！

[3] Ballard, C. (2014). Kobe Bryant on growing old, Dwight Howard and his inner Zen. Retrieved 6 March 2022.

[4] Lally, P., van Jaarsveld, C. H. M., Potts, H. W. W., & Wardle, J. How are habits formed: Modelling habit formation in the real world. Eur. J. Soc. Psychol. (2010), vol. 40, 998–1009. doi: 10.1002/ejsp.674

[5] 我沒有花九年才「看見成果」。大約一年後，我就建立了良好的健身習慣。九年後，我的健身計畫和目標更進階，也變得更容易實現。

[6] 英文片語「In a rut」：指陷入瓶頸，難以脫離一成不變的生活或工作方式。資料來源："in a rut" (n.d.) McGraw-Hill Dictionary of American Idioms and Phrasal Verbs (2002). Retrieved March 31 2022.

4 第四定律：你做的一切都會造成「指數型漣漪」

[1] 身為一個賭徒兼投資人，我對兩者都很熟悉！長期來看，賭博一定會輸錢，但人還是會為了獲得短期的勝利一直賭下去，而且贏錢的那一刻確實感覺很棒。相反，投資如果夠聰明，長期來看是穩賺不賠，但投資幾乎看不見立即的成效，每天看到持股只上漲百分之幾，一點都不刺激。不過長期下來，投資收益會不斷複利成長，並累積成一筆財富。賭博跟投資兩者相比，我們最好考量長期結果，而不是短期結果。

[2] Attia, P. (2012). Do calories matter? The Eating Academy. Retrieved 30 August 2016.

[3] Strapagiel, L., 2017. This Guy Helped Save A Life By Paying It Forward At The Tim Hortons Drive Thru. [online] BuzzFeed.

[4] Spada, F. (2016). Fearless [Image].

[5] 你有聽過「郵輪和佛羅里達是為老人準備的」這個刻板印象嗎？我住在佛羅里達，還參加過十幾次郵輪旅行。我今年三十六歲，但在我十六歲的姪女眼中，我已經老了。前幾天，她說我們來自「完全不同的世代」，這句話讓我瞬間老了十五歲。

5 環境、努力，加上動能

[1] Bennett, G., Foley, P., Levine, E., Whiteley, J., Askew, S., & Steinberg, D., et al. (2013). Behavioral treatment for weight gain prevention among Black women in primary care practice. JAMA Internal Medicine, 173(19), 1770.

[2] 這讓我想到了《魔戒首部曲》的其中一幕，半獸人統領盧茲與護戒遠征隊戰鬥。這個半獸人是為戰鬥而生，當亞拉岡刺中他時，完全顯示出這一點。大多數人或

半獸人被刺中腹部時，反應都是負面的，但瘋狂的盧茲卻抓住刀，邊笑邊舔了刀上的血。他對戰爭的喜愛不亞於對人肉的渴望！他熱愛戰鬥到似乎連被刺傷都感到享受。比起那些逼不得已而戰的人，盧茲有著莫大優勢，因為他更不惜一切、更好鬥、更願意戰到死，甚至還會在Yelp上給戰鬥體驗打滿五顆星。當你做一件事做得夠久，就會變得像盧茲一樣，那些本該讓人不舒服的情況，後來反倒變成一種享受。

[3] 正如我在《迷你習慣減重法》中所說，節食的人在飲食和運動選擇上比其他人投入了更多心力，但研究顯示，他們的成果甚至比不節食的人還糟。天啊！節食不僅讓你身心疲憊，還無法帶來（長期）效果。這是努力、動能和結果不成正比的典型案例。

生理上而言，嚴格的熱量限制有礙動能（因為會誘發飢餓反應），心理上也是如此（畢竟是困難的短期目標）。節食的人付出了超乎常人的努力，大家都是愛吃的，但節食者卻要讓自己處於半挨餓狀態！說實話，我不曉得他們如何辦到，但再次重申，動能比努力更重要，也因此他們過人的努力就這麼不幸浪費了。

[4] Cuddy, A. (2012). Your body language may shape who you are [Video].

第二部　掌握動能

[1] Retrieved 6 March 2022.

7　馬上建立正向動能

[1] Lubin, R. (2017). New study reveals how much you'll spend on sandwiches over your l ifetime. Retrieved 6 March 2022.

[2] Sato, S., Yoshida, R., Murakoshi, F., Sasaki, Y., Yahata, K., Nosaka, K., & Nakamura, M. (2022). Effect of daily 3-second maximum voluntary isometric, concentric, or eccentric contraction on elbow flexor strength. Scandinavian Journal of Medicine & Science in Sports. doi: 10.1111/ sms.14138

[3] 需要澄清一點，七秒激勵法與梅爾・羅賓斯（Mel Robbins）的「五秒法則」不同，後

者是倒數五秒後開始行動……雖然這也是值得嘗試的優秀技巧，也能與七秒激勵法結合使用，但七秒激勵法的關鍵在於你最初的承諾。

[4] Cuddy, A. (2012). Your body language may shape who you are [Video].

8 持續人生的正向動能

[1] Monroe, D. (2004). GM Pollen Spreads Much Farther Than Previously Thought. R Retrieved 6 March 2022

[2] Gone with the wind: Far-flung pine pollen still potent miles from the tree. (2010). Retrieved 6 March 2022.

國家圖書館出版品預行編目（CIP）資料

內在動能 / 史蒂芬 . 蓋斯 (Stephen Guise) 著 ; 張嘉倫譯 . -- 初版 . -- 新北市 : 一起來出版 , 遠足文化事業股份有限公司 , 2024.12
面 ;　公分 . -- (一起來 ; ZTK0056)
譯自 : The magic of momentum.
ISBN 978-626-7577-06-6(平裝)

1. CST: 潛能　2.CST: 成功法

177.2　　113014960

一起來　0ZTK0056

內在動能

The Magic of Momentum

作　　者　史蒂芬・蓋斯 Stephen Guise
譯　　者　張嘉倫
主　　編　林子揚
編輯協力　鍾昀珊

總 編 輯　陳旭華 steve@bookrep.com.tw
出版單位　一起來出版／遠足文化事業股份有限公司
發　　行　遠足文化事業股份有限公司（讀書共和國出版集團）
231 新北市新店區民權路 108-2 號 9 樓
電　　話　(02) 2218-1417
法律顧問　華洋法律事務所　蘇文生律師

封面設計　LIN
內頁排版　宸遠彩藝排版工作室
印　　製　通南彩色印刷股份有限公司
初版一刷　2024 年 12 月
定　　價　420 元
I S B N　978-626-7577-06-6（平裝）
978-626-7577-05-9（EPUB）
978-626-7577-04-2（PDF）